NOS PÈRES SOUS LOUIS XIV

EXTRAITS

DES MÉMOIRES SUR LA GÉNÉRALITÉ DE BORDEAUX

CONCERNANT L'AGENOIS

et les parties de l'Albret, du Bazadois & du Condomois

qui forment aujourd'hui le département de Lot-et-Garonne

TEXTES RÉDIGÉS A L'INTENDANCE

EN 1715

Publiés avec des commentaires & des notes

PAR

M. FAUGÈRE-DUBOURG

BIBLIOTHÉCAIRE DU MINISTÈRE DE L'INTÉRIEUR

AGEN

IMPRIMERIE ET LITHOGRAPHIE VEUVE LAMY

1885

NOS PÈRES SOUS LOUIS XIV

MÉMOIRES SUR LA GÉNÉRALITÉ DE BORDEAUX

Extrait de la Revue de l'Agenais (t. xi—xii)

Tiré à cent exemplaires

NOS PÈRES SOUS LOUIS XIV

EXTRAITS

DES MÉMOIRES SUR LA GÉNÉRALITÉ DE BORDEAUX

CONCERNANT L'AGENOIS

et les parties de l'Albret, du Bazadois & du Condomois

qui forment aujourd'hui le département de Lot-et-Garonne

TEXTES RÉDIGÉS A L'INTENDANCE

EN 1715

Publiés avec des commentaires & des notes

PAR

M. FAUGÈRE-DUBOURG

BIBLIOTHÉCAIRE DU MINISTÈRE DE L'INTÉRIEUR

AGEN

IMPRIMERIE ET LITHOGRAPHIE VEUVE LAMY

1885

NOS PÈRES SOUS LOUIS XIV.

EXTRAITS DES MÉMOIRES SUR LA GÉNÉRALITÉ DE BORDEAUX

CONCERNANT L'AGENOIS, L'ALBRET

Et les parties du Bazadois et du Condomois qui forment aujourd'hui le département de Lot-et-Garonne.

A M. G. THOLIN, archiviste du département de Lot-et-Garonne.

Paris, 30 juin 1884.

Mon cher ami,

Dans les articles si intéressants sur *les cahiers du pays d'Agenais aux États généraux* que vous publiez à cette même place, vous vous faites l'interprète des doléances qu'en 1649 aussi bien qu'en 1789, les députés de l'Agenais ont fait entendre contre cette institution funeste des Intendants qui, par leur système de nivellement à outrance et leurs exactions, devaient ruiner la monarchie, affamer le pays, et le réduire au misérable état d'exténuation si bien décrit par Young dans son *Voyage en France.*

Vous avez d'autant plus raison de protester contre cet absurde partage de la France en circonscriptions géographiques qui confondaient tout et ne respectaient rien, que les chefs de ces Satrapies avaient pris les devants en provoquant les récriminations par leur insolence, et en professant publiquement le mépris le plus profond pour les populations qu'au nom du Roi, ils opprimaient sans les connaître.

Votre prédécesseur aux Archives de Lot-et-Garonne, M. Ernest

Crozet, dans son opuscule : *Coup d'œil sur les Archives de l'Intendance de Guienne*, cite un bien curieux exemple de l'omnipotence sans contrôle des Intendants : « Un père désire envoyer son fils aux colonies : Sachez, dit l'Intendant, que le Roi n'envoie pas ses sujets aux colonies malgré eux ; mais, si vous y tenez, adressez nous d'abord, avec plus de détails sur l'affaire, l'argent du voyage, les frais de déplacement, de saisie, de nourriture. Nous pourvoirons au reste. » Ce *reste* dit tout.

En se plaignant, vos députés de l'Agenois ne faisaient donc que se défendre avec des armes inégales, et c'est à prouver qu'ils étaient bel et bien dans leur droit que j'entends m'appliquer en dépouillant à votre intention certains documents authentiques où les Intendants de Guienne ont déposé l'expression de leurs sentiments haineux à l'endroit de mes chers compatriotes.

Quelques mots d'abord sur ces documents.

En 1697, vous le savez, à la sollicitation du duc de Bourgogne, le roi Louis XIV, « voulant être pleinement informé de l'état des provinces du dedans de son Royaume, » demande à tous ses Intendants des mémoires détaillés sur leurs Généralités qui devaient être dressés d'après un questionnaire que rédigea le duc de Beauvilliers, Gouverneur du Grand Dauphin, et qui fût envoyé « à messieurs les Maîtres des requêtes départis dans les provinces.[1] »

Ces mémoires existent, au nombre de 42, et ont été imprimés au moins en partie, mais revus, corrigés et profondément modifiés, dans l'ouvrage du comte de Boulainvilliers publié en 1727 : *Etat de la France, extrait des mémoires dressés par les Intendants du Royaume par ordre du roi Louis XIV.*

C'est qu'en effet, pas plus que vous, mon cher ami, le comte de Boulainvilliers n'aimait les Intendants. « Entre les misères de notre siècle, il n'en est pas qui méritent davantage la compassion de ceux qui viendront après nous que l'administration des intendances, » disait-il, dans

---

[1] Le programme, avec le questionnaire de ces mémoires, est reproduit *in extenso* en tête du 1er volume de *l'Etat de la France* du comte de Boulainvilliers. Michelet dit à ce sujet : « Cette enquête faite par des hommes officiels qui profitent souvent des abus, dévoile cependant une immensité de maux et de douleurs. »

la préface de son livre, et comme il trouvait mauvaise une œuvre où il les accusait « d'avoir eu la lâcheté de dissimuler la vérité dans la crainte de nuire à leur fortune, » il entreprit de « redresser leurs mémoires, tantôt par le changement du texte, tantôt par une réfutation sérieuse des erreurs qu'ils renfermaient. »

Seulement, il faut bien le dire, si quelques intendants, « sacrifiaient leur patrie au plaisir de commander, comme ils sacrifiaient leurs consciences à la faveur de la cour, et, s'ils n'étaient les esclaves du ministère que pour se rendre les tyrans du peuple, » le censeur qui fulmine contre eux un tel réquisitoire, M. de Boulainvilliers, n'était pas, lui non plus, dépourvu de tout parti pris et, *per fas et nefas*, poursuivait le triomphe de sa thèse favorite : la prééminence de la féodalité, « ce chef-d'œuvre de l'esprit humain, » sur la monarchie et la démocratie. En *redressant les textes*, il ne craint pas de les altérer pour les besoins de sa cause et, souvent, sur une erreur en greffe une autre. A tout prendre, mieux eussent valu pour nous les mémoires primitifs, tels que promet d'ailleurs de nous les rendre M. de Boislisle qui, en 1881, publiait le premier de la série, celui de la Généralité de Paris, dans les *Documents inédits pour servir à l'Histoire de France.*

Le Mémoire sur la Généralité de Bordeaux dressé par M. de Besons[1] en 1698, celui qui intéresse notre région, est on ne peut plus sévèrement jugé par M. de Boulainvilliers. Lisez plutôt ces lignes mises en tête des extraits qu'il en a faits :

« Ce mémoire est véritablement l'un des plus imparfaits qui ait été dressé dans les provinces. La diction en est si basse et si mal arrangée, les redites y sont si continuelles, l'ordre des matières si confus, les obmissions si importantes, que la première idée dont on est frappé, en le lisant, est de condamner le choix qu'on a fait d'un tel intendant pour gouverner un pays qui a tant de réputation, veu son insuffisance à en expliquer les moindres circonstances. »

Après ces observations préliminaires, Dieu sait si M. de Boulanvilliers en prend à son aise avec M. de Bezons et force m'est bien d'avouer

---

[1] Bazin de Bezons occupa les fonctions d'Intendant de Guienne de 1686 à 1700.

qu'il n'a pas tort. Je m'en suis assuré en lisant le manuscrit original qui est déposé à la bibliothèque du Ministère de l'Intérieur et je dois reconnaître ici la supériorité d'intelligence de l'auteur de *l'Etat de la France.*

Mais, ce n'est ni de l'un ni de l'autre de ces textes que j'entends me servir pour donner raison aux députés de l'Agenois. J'ai encore ici sous la main un autre manuscrit postérieur, bien plus complet, quoique toujours dressé sur le modèle officiel. Celui la n'a jamais, que je sache, été défloré. Il a pour titre : *Mémoires sur la généralité de Bordeaux en 1715,* et est en 2 tômes, grand in-4°, reliés en maroquin rouge du levant reevé de filets d'or. Le Ier tôme compte 843 pages, le 2e 751 — en tout, 1594 pages, avec de nombreux plans et cartes exécutés à la main. Sur la garde du Ier volume, on lit ces mots : *comte d'Eu 28 novembre 1736.* Si c'est là un *ex-libris,* on en pourrait conclure que le manuscrit provient de la bibliothèque du duc de Penthièvre.[1]

Le mémoire paraît avoir été rédigé par l'Intendant d'alors, M. de Lamoignon de Courson, qui, d'après l'almanach royal, succèda en 1710 à M. de Labourdonaye.[2]

---

[1] Ce manuscrit ainsi que 33 mémoires originaux dressés en 1697, 1698 et 1699, sur les diverses Généralités du Royaume, sont arrivés à la bibliothèque du Ministère de l'Intérieur à la suite des saisies opérées, aux termes du décret de l'Assemblée nationale du 20 mars 1790, dans les palais royaux, les maisons d'émigrés et les couvents. La bibliothèque du duc de Penthièvre y est représentée, ainsi que celle de Colbert, par plusieurs volumes à leurs armes. A la mort du duc du Maine, le comté d'Eu passa à la maison de Penthièvre et ensuite aux d'Orléans. L'année 1736 inscrite sur la garde est la date même de la mort du duc du Maine.

Les 42 manuscrits de ces mémoires sont aussi à la bibliothèque nationale. Les 34 registres de la bibliothèque du ministère de l'intérieur paraissent être les originaux, attendu qu'ils sortent directement du fonds Colbert. Il en existe d'autres copies dans divers dépôts publics, entre autres à Bordeaux et à Toulouse. Dans le t. XIV de son *Histoire de France,* H. Martin consacre 5 pages (330 à 335) à résumer ces mémoires.

[2] La bibliothèque de Bordeaux, sous le n° 734 du catalogue de ses manuscrits, possède un manuscrit sous ce titre : *Extrait du mémoire de M. de Courson sur la généralité de Guienne.* S'il ne compte que 173 pages, comme on me l'assure, ce n'est qu'un résumé très abrégé de celui du Ministère de l'Intérieur qui en compte 1594. L'ordonnance et les divisions ne semblent pas non plus être les mêmes. M. de Courson est M. Lamoignon de Courson qui fut intendant de 1710 à 1720.

Du reste, pour vous faire bien comprendre l'esprit du ces nouveaux mémoires destinés, cette fois, non plus au duc de Bourgogne mort en 1712, mais au duc du Maine, le fils de Mme de Montespan légitimé par Louis XIV, voici comment l'auteur lui même les présente :

« Son Altesse Sérénissime M. le duc du Maine m'ayant ordonné de lui faire des mémoires fort détaillés sur la Généralité de Bordeaux, conformes à ceux qui ont été faits sur plusieurs Généralités du Royaume, j'ay crû ne pouvoir mieux lui marquer ma soumission et mon zèle pour l'exécution de ses ordres, qu'en entreprenant cet ouvrage pour lequel il auroit fallu une meilleure plume que la mienne, plus de temps à les composer que je n'ay pû avoir, à cause des affaires dont est chargée cette Intendance , plus de notion que je n'en ai pu aquérir, depuis que j'ay l'honneur d'être Intendant,[1] cette Généralité étant la plus étendûe qu'il y ait dans le Royaume. J'ai tâché de ne rien oublier de tout ce que j'ay pu découvrir, et dont j'ay pû avoir les notions certaines. Si j'ay entré quelquefois dans des choses qui paroîtront des minuties,[2] ce n'a été que pour satisfaire la curiosité de Son Altesse Sérénissime et pour suivre les ordres qu'elle m'a donnés, étant d'ailleurs persuadé que rien ne pouvant échaper à l'étendue de son génie, les choses qui paroissent le moins de conséquence peuvent donner quelques fois des veûes et des idées très importantes qu'on n'auroit pû prendre si elles étoient ignorées. »

Ici l'Intendant parle toujours, vous l'aurez remarqué, à la première personne. Il serait sans doute téméraire d'en conclure — *de minimis non curat pretor,* — qu'il a rédigé lui même.

Après avoir regretté l'impossibilité de procéder à un dénombrement dont l'annonce seule « avait épouvanté les populations qui y voyaient déjà le prélude d'une imposition nouvelle, » il entre dans le détail des

---

[1] J'ai dit plus haut que M. de Lamoignon de Courson figurait pour la première fois à l'almanach royal en 1710. J'ai quelque raison de croire cependant qu'il avait été nommé Intendant à Bordeaux dans le courant de 1709, *l'année des grands froids et de la grande faim.* Il était donc en fonctions depuis plus de cinq ans en 1715 et, s'il eut voulu s'en donner la peine, il aurait pu acquérir *plus de notions* qu'il n'en montrera dans la suite.

[2] *De ces minuties propres à satisfaire la curiosité,* je tiendrai grand compte dans nos extraits attendu que c'est de ces choses *qui paraissent le moins de conséquence,* que se dégage le plus souvent la vérité vraie.

divisions qu'il compte parcourir et que nous retrouverons au cours du dépouillement de son mémoire, en les suivant une à une et termine son introduction par les réflexions suivantes sur les susceptibilités de la noblesse qui se montrait en ce temps là d'autant plus jalouse de ses privilèges qu'elle en sentait approcher la fin.[1]

« Jay crû ne pouuoir mieux placer qu'à la fin de chaque chapître, le détail des familles les plus anciennes, et les plus considérables. Je n'ay pas crû devoir entrer dans un détail trop exact des généalogies, il eût été dangereux de le faire. Il y ε, en effet, fort peu de noblesse qui ne se flatte et qui n'ait quelques chimères qu'il veut faire passer pour des réalitez. Il est difficile de ne pas se tromper sur cette matière ; il ne convient pas souvent de dire la vérité. Je puis bien avoir obmis par ignorance, le nom de quelques gentilshommes qui peuvent être d'aussi bonne maison, que ceux, dont j'ai fait mention, mais il est très certain que tous ceux dont j'ay reporté les noms, passent incontestablement pour être de très bonne et de très ancienne noblesse.[2]

J'ay crû encore qu'il n'étoit pas inutile de mettre a la fin de châque pays, un Etat des principalles terres qui y sont scituées et ce qu'elles vallent de revenu. »

Et maintenant, mon cher ami, que je vous ai fait connaître la source plus ou moins limpide où je vais puiser pour justifier vos tardives représailles , je clos ici cette lettre déjà trop longue et vous serre bien cordialement la main.

Tout à vous.

FAUGÈRE-DUBOURG.

---

[1] Dans *ses origines de la France Contemporaine*, M. Taine a merveilleusement noté le chant du cygne de la noblesse au xviiiᵉ siècle.

[2] Quand nous en serons là, je citerai textuellement les états de la noblesse dans es élections d'Agen et de Condom.

CHAPITRE Ier.

Idée générale de l'Intendance de Bordeaux.

Les Mémoires sur la Généralité de Bordeaux en 1715, s'ouvrent par un long chapitre consacré à l'histoire générale de la Guienne et de la Gascogne qui fourmille d'erreurs et repose sur des récits légendaires dont la critique moderne a fait justice. Pour entrer tout de suite au cœur du sujet et montrer combien les députés de l'Agenais avaient raison de se plaindre, j'emprunte seulement aux premières pages cette peinture du caractère, des mœurs et coutumes des habitants de la Généralité. Par son esprit d'injustice et de malveillance, elle fera comprendre de quels sentiments s'inspiraient les Intendants pour apprécier leurs administrés. Comment n'eussent-ils pas été payés de retour ?— *Par pari refertur.*

Plus tard, nous verrons chaque Élection distincte défiler une à une sous la férule de l'Intendant et le détail ne vaudra pas mieux que l'ensemble ainsi présenté :

Il n'est pas possible de donner une idée générale des esprits des habitants de la Généralité de Bordeaux ; chaque canton différent a, pour ainsi dire, un génie particulier, des mœurs, des manières et un genre de vie diférent. Tout ce qu'on en peut raporter, est qu'ils sont tous fort vifs, les premiers mouvements les font agir, sans faire réflexion aux inconvénients qui en peuvent arriver. Il est très difficile d'empêcher qu'ils ne s'échappent et de les retenir dans les premières idées qu'ils se forment ; mais comme ils prennent leur parti fort promptement, ils ne le soutiennent pas longtemps, la moindre chose les arrête et leur fait changer d'avis, la crainte ne les empêche pas de prendre d'abord le parti qu'ils s'imaginent être le plus convenable à leurs intérêts ou à leur vanité, mais elle les arrête à la première difficulté et au moindre avantage qu'on peut avoir sur eux. On est toûjours certain, dans toutes les affaires, de trouver d'abord de leur part des opositions qui parroitroient insurmontables, si on ne les connoissoit pas. Le meilleur parti pour réussir avec eux, est de leur laisser dire tout ce qu'ils veulent ; souvent même ils s'en tiennent aux discours et sont contens pourveu qu'ils parlent. S'ils veulent faire quelque chose de plus, il n'y a qu'a sçavoir leur faire naître des dificultez dans l'exécution de leurs projets ; il est certain qu'ils ne chercheront point des expédiens pour les écarter. Comme ils sont naturellement fort glorieux, il sont fort fiers et fort présomptueux dans les avantages qu'ils peuvent avoir, mais fort humbles et fort soûmis quand ils ont du dessous ; l'intérèt seul les guide, ils ne songent qu'à ce qui peut les regarder personnellement, ils n'imaginent pas comment on ne sacrifie pas l'intérest du reste du Royaume pour celui de leur pays ; chaque particulier cherche à augmenter sa fortune aux dépens des autres, sans même aucun ménagement pour ses plus proches parents. Cependant, les fortunes ne sont pas ici fort considérables, et on n'y void point de maisons opulentes. Comme on ne songe pas à l'avenir, on dépense à mesure que l'on peut amasser, et une mauvaise récolte ou le moindre accident oblige ceux qui paroissent les plus aisez à avoir recours aux expédiens pour pouvoir subsister.

Ils ne se piquent point de magnificence dans les bâtimens, dans les jardins, dans les meubles, dans les habits ni dans les équipages ; on n'a nul goût pour toutes ces choses ; ils ne connoissent d'autre culture, ni d'autre plan que celle des vignes et des champs.

Le peuple y est naturellement paresseux, il n'a d'autre industrie et il ne travaille que pour vivre, et il ne fait rien dès qu'il a de quoi subcister ; le sang n'y est pas beau, ni en hommes ni en femmes, ils sont presque tous pesants et mal faits, hors du coté des Pirennées où il semble que ce soit une autre nation, par la figure, par la légèreté, et par la disposition du corps.

On n'a, dans tout ce païs-cy, nul goût pour les sciences ni pour les arts ; les choses les plus communes et les plus triviales sont les plus ignorées, et ils n'ont d'autre aplication qu'à étudier les moyens de faire valoir leurs terres, et de débiter leurs denrées.

Toute cette Généralité est fort peu peuplée et sans le secours des habitants des provinces voisines qui y viennent faire les travaux nécessaires, il y auroit beaucoup de terres qui demeureroient incultes.

Les principaux fruits qu'on recueille dans cette Généralité, sont le vin et les grains ; il se fait une quantité très grande de vin dans toute la Généralité et il y en a beaucoup plus qu'il n'en faudroit pour le pays, mais c'est ce qui en fait la richesse, car tous les vins se vendent à l'étranger qui les vient chercher sans aporter d'autres marchandises et met par là un argent considérable, non seulement dans le pays, mais dans tout le Royaume. On parlera fort au long de ce commerce dans les suites.

Il y a plus de la moitié de cette Généralité qui est plantée en vignes. Quoique les vignobles soient un fort mauvais bien et sujets à beaucoup d'accidens, je croy que la paresse des habitans du pays et le peu d'industrie qu'ils ont, est cause qu'il y en a une aussi grande quantité, car il n'i a pour ce bien là d'autre attention à avoir qu'à faire travailler les vignes, et à vendre le plus cher qu'ils peuvent le vin à des marchands qui le viennent chercher eux-mêmes jusques dans les celliers que l'on apelle icy des chays.

Le portrait à coup sur n'est pas flatté.[1]

Dans le 1er chapitre, viennent après cela, les détails sur les différentes productions du pays, ses modes de culture, la distribution de ses rivières et cours d'eau, la navigation de la Garonne avec la description de la tour de Cordouan, celle de l'Adour avec plans annexés, [2] et enfin la division en six Elections de la Généralité de Bordeaux : 3 Elections de taille personnelle qui sont : Bordeaux, Périgueux et Sarlat ; 3 Elections de taille réelle qui sont : Agen, Condom et les Lannes. — Les pays d'état sont : la Bigorre et la Soulle. — Les pays abonnés, le Marsan et le Labour.

---

[1] Combien nous sommes loin du Gascon dont la graine poussait partout, au dire de Henri IV, et dont le passage à travers la politique de l'ancien comme du nouveau régime dramatise ou égaie, en les remplissant, les pages de notre histoire. Certes, si on peut lui reprocher, avec ses vanteries, d'avoir quelque peu ressemblé au Grec de Juvénal :

Græculus esuriens in cœlum, jusseris, ibit.

on ne niera pas qu'en descendant du Ciel sur cette terre il n'ait su s'y faire une place et témoigner ainsi de plus de ressources d'esprit que ne lui en prête M. de Lamoignon.

[2] C'est d'abord la carte à la main : *Entrée de la Rivière de Bordeaux où sont marquées toutes ses passes, bâtures et dangers avec l'entrée de la Rivière de Seudre appelée Mommusson.* Quelques feuilles après, on trouve, toujours faite à la main, *la carte de la Rivière de la Gironde, depuis son embouchure à la mer jusques à Bordeaux sur la Garonne et Libourne sur la Dordogne.* Encore plus loin, *la carte du cours de la Rivière l'Adour depuis Bayonne jusques à son embouchure, avec la situation de la barre et des bancs aux environs du 7 avril 1700.*

CHAPITRE II.

État ecclésiastique.

Nous passons maintenant au chapître II qui concerne tout ce qui touche à l'État ecclésiastique. Il traite de l'origine de divers Evêchés de la Généralité, du Diocèse de Bordeaux en particulier dont il énumère les Archevêques d'abord, puis les paroisses et les établissements religieux, en s'attardant avec complaisance aux descriptions des églises, des abbayes, des monastères, des hôpitaux, aux mœurs des juifs, sur lesquels nous aurons à revenir, et aussi au *détail* de quelques monuments.[1] Viennent ensuite les Diocèses de Périgueux, de Sarlat et enfin celui d'Agen sur lequel nous nous arrêterons dans un instant quand nous aurons résumé, en quelques lignes, les premières pages du trop long développement de sa notice.

---

[1] La Bibliothèque du Ministère de l'Intérieur possède encore un autre manuscrit exclusivement consacré, celui-là, à la ville de Bordeaux où sont décrits avec plus de détails les églises et les monuments. Il a été *dressé par Henri Delan, inspecteur des Manufactures audict Bordeaux et présenté à Mgr Fagon, Conseiller d'Etat ordinaire au Conseil Royal, Intendant des finances, et Président du Conseil royal du Commerce, le 1er octobre 1735.* — Il contient, avec un plan de Bordeaux à la main, une curieuse description de la Ville et un tableau détaillé de ses tarifs commerciaux. J'y relève en courant quelques détails artistiques. On y parle ainsi d'un groupe de l'Annonciation dans l'Eglise des Chartreux : « Un ange annonce à la Sainte-Vierge l'adora- « ble mystère de l'incarnation et à la gauche est la Sainte-Vierge. Ces figu- « res sont de marbre blanc en ronde bosse faites par Michel-Ange, mais « d'un goût et d'une précision parfaits. » On signale encore, dans la même Eglise, une *Assomption de la Vierge* de Philipe de Champagne. « Les colon- nes et pilastres en marbre et jaspe de l'autel et du sanctuaire proviennent d'une prise faicte par le marquis de Sourdis, frère du Cardinal, sur un bâti- ment turc qui portoit ces richesses au tombeau de Mahomet. » Au monas- tère des Jacobins, situé vis-à-vis l'esplanade et le glacis du Chateau-Trom- pette, « sur une hauteur, du coté de Saint-Surin, on voit encore *de magni- fiques tableaux peints de la main du Frère André, Religieux de cet ordre, fameux peintre.* (?) » Dans son *Histoire de la ville de Bordeaux* qui est postérieure, Dom Devienne dit seulement qu'à l'Eglise de la Chartreuse, *on voit des ta- bleaux et des statues des meilleurs maîtres.* Rien de Michel-Ange. Quant aux

L'auteur rapelle la tradition de saint Martial fondant l'église d'Agen sous l'invocation de saint Etienne. Saint Caprais en fut le premier titulaire à la fin du III° siècle et saint Vincent lui succéda. Après eux, viennent saint Phébade et saint Dulcide. La série des Evêques d'Agen est interrompue pendant trois siècles par les invasions des Sarrazins et des Normands et c'est seulement au XI° siècle qu'on retrouve, sur le siège épiscopal d'Agen, Gombauld, frère du Duc de Gascogne, qui érige l'évêché en Comté, lui donne le droit de justice et le privilège de battre la monnaie Arnaldine. Après Gombauld, les

colonnes, il répète à peu près ce qui est avancé plus haut de la prise du marquis de Sourdis, sous une forme moins affirmative.

Dans l'église de Saint-Surin, est-il dit encore, « on conserve plusieurs reliques entr'autres, celles de Saint-Surin et de Saint-Amand, archevèques de Bordeaux, le corps de saint Fort, Evêque et martire, celui de Sainte-Bénédicte, Duchesse de Guienne, et celui de Sainte-Véronique. On y void leurs sépulchres dans vne chapelle bâtie sous le chœur. On voit aussi, dans la muraille de l'Eglise, le corps d'vn Chanoine nommé Brun mort depuis 500 ans qui est entier, et la peau encore flexible. On regarde ce corps comme celui d'un Saint et bien des gens y vont faire leurs prières pour être guéris du mal de teste. » Dans la sacristie de la même église, on garde dans un fourreau d'argent, « la Vierge que saint Pierre donna à saint Martial pour ressusçiter Austrigliniane. Dans les grandes sécheresses, les Maires et Jurats viennent prier le Chapître de porter cette vierge en procession jusqu'à une fontaine qui est dans le faubourg dans laquelle on la trempe. Anciennement, les ducs de Guienne venoient prendre l'épée et l'étendart bénit sur le maitre Autel quand ils alloient à la guerre. Les sous-maires de Bordeaux, le Procureur Syndic et le clerc de ville viennent encore à présent prêter le serment sur le bras de Saint-Fort avant que de prendre possession de leurs charges à l'hôtel-de-ville. — L'ancienne tradition veut que, dans le temps où le cimetière fut béni, sept évêques assistant à cette cérémonie, Jésus-Christ apparut dans les habits épiscopaux et le bénit lui même. On montre dans la sacristie de cette Église un cor qu'on prétend être celui dont Roland se servit à Roncevaux. Il paraît fendu par l'effort qu'on dit que fit ce général pour rallier ses troupes. Il est d'une dent d'éléphant. Ce qu'il y a de certain, c'est que Charlemagne rétablit cette église qu'il trouva détruite à son retour après la bataille de Roncevaux et que le corps des principaux officiers qui y furent tués ont été enterrés dans ce cimetière. Cette église est une des trois qui ont des fonds baptismaux. » — Une partie de ces renseignements plus ou moins légendaires se retrouve, avec moins de détails, dans la *Chronique Bordeloise* de Gabriel de Lurbe.

prélats se succèdent et sont énumérés jusqu'à M⁰ʳ Hébert ancien curé de Versailles qui occupait le siège d'Agen en 1715.¹

Ce fut le pape Jean XXII qui, au xiv⁰ siècle, démembra l'Evêché d'Agen pour en établir un à Condom qu'il forma avec *les paroisses d'au dela de la Garonne.*

L'Evêché Seigneurial d'Agen valait plus de 35.000 livres de rente. Il comptait 373 paroisses et 171 annexes *qui font 544 clochers.*

Des anciens châteaux appartenant jadis à l'Evêque d'Agen, il ne reste que celui de Montbran donné par une dame espagnole, il y a environ 5 siècles. C'est, dit le mémoire, « un des lieux les mieux situés et les plus beaux de toute la province. »

Il existe trois Chapitres dans le diocèse d'Agen :

Celui de saint Etienne qui est la cathédrale ² et qui se compose de 14 chanoines dont le revenu pour chacun peut aller à 800 francs ;

Celui de saint Caprais, communément appelé *Saint-Caprazi* composé de 10 chanoines dont le revenu pour chacun est de 1,000 fr., avec un prieur qui en touche 3,000. « On conserve à Saint-Caprais un morceau de la Sainte Croix avec une Sainte Epine. »

Celui de Pujols, près Villeneuve d'Agenois, fondé par les Seigneurs de Pujols en 1522, composé de six chanoines et d'un doyen dont le revenu pour tous ne monte pas à plus de 1,000 francs.

Maintenant que nous sommes en plein Agenois, je reproduis fidèlement le texte en m'abstenant de tout commentaire pour laisser à chacun le soin de dégager l'enseignement qui résulte de cette longue énumération de bénéficiers oisifs vivant sur une terre écrasée d'impôts :

Les abayes de ce diocèse sont : celle de Clairac fondée par Pepin Roy de France en reconnoissance d'une victoire qu'il remporta sur les Sarrazins dans une plaine qui est vis à vis Clairac. Charlemagne lui donna ensuite de grands biens.

Le désordre s'étant mis dans cette abaye, la Réforme y fut établie

---

¹ Il avait succédé à Mgr Mascaron.

² L'Eglise de Saint-Etienne était autrefois sur l'emplacement de l'ancienne Halle devenue le Marché-Couvert. D'après notre manuscrit, « le Cardinal de la Rouarre (La Rovère) la fit bâtir ; elle n'a jamais été achevée ; elle est fort malsaine et fort incommode. » Voilà de quoi consoler les Agenais de sa démolition et des destins changeants comme les flots et les scrutins qui ont ramené les vendeurs au Temple.

vers l'an 1560. Cela ne l'empécha pas peu de temps après d'apostasier et d'embrasser les erreurs du Calvinisme. C'était Geoffroy de Caumont de La Force [1] qui en etoit pour lors abé. Tous les habitants de Clairac, ayant aussi embrassé cette hérésie, abatirent le monastère et l'église.

M. d'Angoulême grand prieur de France en fut ensuite pourveu ; Henry IV la donna, lors de sa conversion, au Chapitre de Saint-Jean de Latran ; ce fut une suite de la négociation de M. de Béthune ambassadeur à Rome et de M. de Joyeuse. Elle a été toûjours administrée depuis par un chanoine que le Chapitre de Saint-Jean de Latran y envoye, elle vaut près de 35 mille livres de rentes et le Chapitre de Saint-Jean de Latran est obligé de donner une pension de 400 livres à chacun des huit chanoines qui deservent cette église.

Par le traitté que Henry IV fit avec ce Chapitre, il se réserva la nomination à tous les bénéfices dépendans de cette abaye. Le Chapitre de Saint-Jean de Latran a eu soin de faire rétablir l'église qui sert de paroisse à Clairac.

L'abaye d'Eysses de la congrégation de Saint-Maur est très ancienne. Ayant été pillée par les Maures dans le VIIIe siècle, elle fût rétablie par Charlemagne. Le revenu de cet abaye peut aller de 4 à 5 mille livres dont il y en a 2,000 pour l'abé et le reste pour 12 religieux.

L'abaye de Saint-Maurin dont le revenu peut aller pour l'abé et les religieux a huit mille livres. La part de l'abé est de 3,000 ; le reste est pour sept religieux qui composent le monastère.

L'abaye de Gondour fût fondée dans le XIIe siècle par la maison de Lauzun. On void encore le tombeau du premier abé qui était de cette maison. Cette abaye n'a pas plus de 2,000 livres de revenu qui se partagent entre l'abé commendataire et les religieux qui sont de l'Ordre de Cisteaux.

L'abaye de Pérignac est aussi de l'Ordre de Cisteaux ; elle fût fon-

---

[1] Un ancêtre de ce Geoffroy de Caumont avait fait, en 1418, le *voyage d'Oultremer en Jérusalem* qui a été publié en 1858 par le Marquis de Lagrange. Parti de son chàtean de Caumont près Marmande, sa première étape fût le Port-Sainte-Marie ; la seconde, Agen.

dée par les seigneurs de Montpezat dans le xiiᵉ siècle ; tout le revenu peut monter à la somme de 3,000 livres. L'abé en a près de 2,000 pour lui, le reste apartient à 3 religieux.qui composent cette communauté.

Le Prieuré de Sainte-Livrade avoit toujours été régulier jusqu'en 1538, qu'une personne de la maison de Noailles en fut pourvüe. Depuis ce temps là, il y a eu des prieurs commendataires ; le revenu de ce Prieuré peut aller à 4,000 livres qui se partagent entre le Prieur et les religieux qui sont ordinairement 6.

Tous ces bénéfices sont à la nomination du Roy.

L'Ordre de Malte a deux Commanderies dans le diocèse. L'une s'apele du Temple ou de Sauvagnas, ce dernier lieu étant la résidence des Commandeurs. Leur revenu peut aller à 7,000 livres.

L'autre s'apele de Gaulfech ou de Gimbrette parce que les Commandeurs y ont fait bâtir une maison où ils font leur résidence ordinaire. Cette commanderie vaut 8,000 livres

Il y a plusieurs communautés d'hommes et de filles dans ce diocèse.

Les Jacobins y ont deux couvents, l'un dans la ville d'Agen qui a été fondé par un duc de Guienne qui leur accorda plusieurs droits : on deuoit porter au Prieur tous les soirs les clés de la ville, ils assistoient au Conseil de ville, tous les consuls,d'abord après leur élection, deuoient venir prêter serment de fidélité entre les mains du Prieur; il en choisissait un sur six personnes qui luy étoient présentées.[1] Ils ont perdu tous les droits depuis les troubles de la religion, ils ont toujours enseigné la philosophie et la théologie et ont établi l'Université pour leur ordre dans ce couvent où ils prennent leurs grades.

Ils ont environ 1,000 livres de revenu pour 20 religieux.

C'est dans ce couvent que le traité fut signé entre Philippe Roy de France, et Edouard Roy d'Angleterre en 1279, par lequel l'Agenois fût cédé au Roy d'Angleterre.

L'autre est au Port-Sainte-Marie. Ce monastère qui auoit été fondé

[1] Aucun document ne confirme ces assertions de l'auteur des Mémoires.

en 1333 par noble Jean de Saillac fut détruit par les ordres de la Reine Jeanne de Nauarre. Il a été depuis rétabli, mais il ni a des chambres que pour six religieux qui n'ont pas plus de 300 livres pour vivre.

Les Cordeliers ont 5 couvents, celui d'Agen fut fondé peu d'années après l'établissement de cet ordre en France ; ils sont de l'étroite observance et par conséquent mandiants ; cette communauté est composée d'environ 20 religieux, le maréchal de Montluc[1] est enterré dans leur église.

Celui de Villeneuve de la même règle fut fondé par le Seigneur de Pujols. Le nombre des religieux est de 12.

Le couvent de Marmande est composé de 15 religieux de la même règle.

Le couvent des Cordeliers de Penne n'est pas de l'étroite observance ; ils n'ont que 300 livres de revenu pour 5 ou 6 religieux qui ont beaucoup de peine à y subsister.

Les Cordeliers de Sainte-Foy ont beaucoup souffert dans les guerres de la religion, presque tous les religieux qui ne voulurent pas embrasser le Calvinisme furent martirisés en 1561 et leurs biens qui étoient très considérables usurpés ; ils sont établis dans un petit auspice ou ils vivent de charité quoiqu'ils ne soient pas de l'étroite observance, n'ayant pû retrouver aucuns de leurs titres.

Les Augustins ont une maison à Agen et une à Monflanquin. Ces deux maisons ont si fort souffert pendant les guerres de religion qu'il ne reste aucun vestige de leur fondation. La communauté d'Agen est composée de 12 religieux qui ont 1,000 ou 1,200 livres de revenu pour vivre, Jules Sgaliger est enterré dans leur église. Ces religieux gardent dans une armoire son crâne qui est d'une grosseur extraordinaire.[2]

---

[1] Non point le maréchal mais son petit-fils Charles-Blaise de Monluc, qui fut sénéchal d'Agenais.

[2] Lors de la démolition du couvent des Augustins, en 1792, le crâne de Scaliger fut recueilli par M. Louis-Joseph Rivière. Il est aujourd'hui conservé dans l'hôtel de la Société d'Ag. Sc. et Arts d'Agen. Voir *Rec. des trav. de la Soc. d'Ag.....* 2ᵉ série, t. III, p. 265.

Les Augustins de Montflanquin n'ont pas 300 livres de revenu pour 4 religieux dont cette commune est composée.

Il y a, dans ce diocèse, 4 couvents de Carmes ; deux à Agen, l'un qu'on appelle les grands Carmes pour les distinguer des Carmes déchaussés, qui n'a que 1,200 livres de revenu pour entretenir 9 religieux, l'autre des Carmes déchaussez dans lequel il y a 6 religieux qui ont 800 livres.

Il y a à Marmande un couvent de grands Carmes qui à 1,200 livres de revenu pour dix religieux.

A Aiguillon, un autre qui vit d'aumônes. Il est composé de six religieux. Le corps du duc du Maine tué au siège de Montauban est en dépôt dans ce couvent. On ne s'est pas mis en peine, depuis ce temps là, de le faire enterrer.

Les Capucins ont dans le diocèse cinq couvents :

Celui d'Agen fondé par M. de Villars, évêque d'Agen dans lequel il y a ordinairement 25 religieux.

Celui de Villeneuve où ils s'établirent en 1653, pendant la peste, après s'être consacrés au service des pestiferez de cette ville. Ils sont 12 religieux.

Celui de Marmande dans lequel il y a un pareil nombre de religieux.

Celui de Valence qui est une petite ville de l'Agenois. Il y a depuis longtemps une chapelle de la vierge appellée Notre-Dame de Grâce, dans laquelle on prétend qu'il se fait des miracles ; cette chapelle fût donnée aux capucins en 1666. M. de Valence fît la dépense de leur couvent dans lequel ils sont huit religieux.

A Castillonnès, les capucins ont toujours trois de leurs religieux qui aident les prêtres à déservir la paroisse.

Il y a encore un couvent de Capucins au Port-Sainte-Marie qui a été établi aux dépens de la ville par les ordres de M. le duc d'Epernon ; cette communauté est composée de 12 religieux.

Les Minimes n'ont qu'un couvent qui est à Agen. Il a 800 livres de rente pour l'entretien de six religieux.

Sous le règne de Louis XII, on batit une chapelle à une lieüe et démie d'Agen, dans un lieu qu'on appelle Bonnencontre, à l'ocasion d'une statüe de terre de la Sainte Vierge qui fût trouvée dans un buisson. Cette chapelle fut longtemps gouvernée par des prêtres-séculiers ; mais, en 1611, la Reine Marguerite y établit une communauté de tierceres ou autrement Piquepues. Ils sont au moins 30 dans ce couvent qui vivent des aumônes et des messes qu'on y fait dire, la devotion et le concours des peuples y etant toûjours très grandes. Ils avoient pris un auspice dans Agen pour la commodité des religieux qui y avoient à faire, mais depuis peu ils y ont fait bâtir un corps de logis et il y a aparence qu'ils veulent établir une communauté distinguée de celle de Bonnencontre.

Les Piquepues ont un autre couvent à Tournon où il n'i a que six religieux qui vivent d'aumônes.

Les Recolets ont un couvent a Sainte-Foy qui y fût établi par les ordres de Louis XIII, après la prise de cette ville pour travailler à la conversion des hérétiques. Ils sont 8 religieux qui vivent d'aumône.

Le Seigneur de Lauzun a établi à Lauzun un couvent de Récolets en 1623, dans lequel il y a 4 religieux.

Il y a aussi un pareil couvent de même nombre de religieux dans la petite ville de Beauville établi depuis 20 ans.

On sait par tradition que Saint-Caprais et Saint-Vincent, et les premiers martyrs se cachoient dans des grotes qui sont dans la montagne de Saint-Vincent auprès d'Agen. Il y a près d'un siècle que les Evêques d'Agen y établirent vne communauté d'hermites. M. d'Epernon y fit bâtir vne chapelle ; ils sont ordinairement six qui sont sous la juridiction de l'Evêque entre les mains duquel ils font des vœux simples et qui peut les recevoir et les renvoyer quand il lui plait ; c'est lui qui nomme le Supérieur pour le temps qu'il juge à propos. Ils ont 5 ou 600 livres de revenu et font la quête.

A la porte de Penne, il y a une chapelle de Notre-Dame où il y a une dévotion qui atire un grand concours de peuple ; 3 ou 4 hermites en prennent le soin et vivent d'aumônes. Ils sont sous la juridiction de l'Evêque.

Il y a près de la ville de Sainte-Livrade une dévotion fort ancienne dans une chapelle bâtie à l'honneur de la Sainte Vierge qu'on appelle Notre Dame de la Rose. M. le Cardinal de Richelieu et Madame d'Aiguillon étant informés que cette chapelle n'étoit pas desservie conuenablement, y fondèrent vne communauté des Pères de la Mission pour en avoir soin ; ils les chargèrent en même temps de faire des missions dans le diocèse d'Agen et surtout dans les terres dépendantes du duché d'Aiguillon. Cette communauté jouit de 3,000 livres de revenu pour l'entretien de 8 ou 10 religieux qui sont ordinairement dans cette maison.

Les communautés de religieuses consistent en trois couvents de jeunes filles de l'*Ave Maria* ou Annonciades.

L'une à Agen qui a 3,000 livres de revenu pour l'entretien de 25 religieuses et de 8 sœurs converses.

L'autre à Villeneuve fondée par Madame de Nauzac en 1623. Elles ont près de 5,000 livres de revenu pour 40 religieuses ou sœurs layes.

La troisième a Marmande fondée par..... Massiote, épouse de M. Dafis, Président à mortier au Parlement de Bordeaux. Cette communauté a près de 3,000 livres pour 22 religieuses ou sœurs.

Ces deux derniers couvents sont sous la juridiction des Cordeliers. Le premier sous celle de l'Evêque d'Agen.

A Agen, un couvent de Dominicaines qui sont sous la conduite des jacobins qui n'ont pas plus de 2,000 livres de revenu pour 38 religieuses qui composent leur communauté.

Un couvent du tiers ordre de Saint-François qui a 3,500 livres de revenu pour 32 religieuses ou sœurs.

On a établi dans ce diocèse deux couvents de religieuses de Notre-Dame dont la principale ocupation doit être l'instruction des jeunes filles. Elles ont pour cela des classes publiques.

La communauté des religieuses de cet ordre qui est à Agen étoit composée de 40 religieuses, mais leur pauvreté est si grande qu'on a été obligé de permetre à plusieurs d'aller chès leurs parens pour pouvoir subcister. Elles n'ont pas 1,100 livres de revenu.

L'autre communauté du même ordre est à Villeneüve fondée par le comte de Fumel en 1642. — Elles ont 4,000 livres de revenu pour 40 religieuses ou sœurs.

Un couvent de Carmélites à Agen qui n'ont pas 1,000 livres de revenu pour 22 religieuses ou sœurs.

Un de la Visitation dans le même lieu qui a 3,000 livres de revenu pour 36 religieuses.

Et un des Orphelines ou de Saint-Joseph établi à Agen. Leur institution est pour retirer les jeunes filles orphelines, les instruire, leur apprendre à travailler et les mètre en état de gagner leur vie ; elles ne sont que 3 religieuses et, quoiqu'elles n'ayent pas plus de 300 livres de revenu, elles ne laissent pas que d'entretenir dix ou douze pauvres filles orphelines. Elles vivent du travail qu'elles font de leurs mains.

Trois couvents d'Ursulines qui tiennent des classes publiques pour l'instruction des jeunes filles.

L'un est à Marmande où elles ne sont que 10 religieuses et deux sœurs qui ont 2,000 livres de revenu.

L'autre au Port-Sainte-Marie qui ont 2,000 livres de revenu pour 24 religieuses.

Le troisième à Sainte-Livrade qui ont 3,000 livres de revenu pour 24 religieuses et 6 sœurs. (Madame la marquise de Grignols de la maison de Taleyran fit venir en 1646 une de ses filles qui etoit religieuse dans l'Abaye de Saintes pour fonder un couvent du même ordre de Saint-Benoit à Marmande.) Cette communauté est fort augmentée depuis sa fondation. Elles sont à présent 22 religieuses de chœur et huit sœurs converses ; elles ont 3,500 livres de revenu pour subcister.

Enfin le Monastère de Fongrave près Sainte-Livrade de l'ordre de Fontevrault. Leur revenu peut aller à 5,000 livres pour 24 religieuses.

Le séminaire de ce diocèse est à la porte de la ville d'Agen ; il commença a être etably en 1648, par M. d'Elbenes alors Evêque. Il est dirigé par des Pères de la Mission.

Il y a à Marmande et à Villeneuve une espèce d'association de prêtres qui vivent séparément qu'on apelle le Colége des prestres ; celui de Marmande est fort ancien il a environ 1,000 livres de revenu qui sont partagez entre les prestres de ce Colége.

Celui de Villeneuve en a presque autant ; tous les prestres qui composent l'un et l'autre Colége doivent être de la ville où il est établi, ils ne peuvent prendre aucun employ qui oblige à résidence et ils sont obligés d'assister au service de la paroisse, et quand ils y manquent, ils perdent une partie de leurs revenus.

Il n'y a d'autre Colége dans ce Diocése que celui des jésuites à Agen qui fût fondé en 1591 par M. de Vilars, alors Évêque d'Agen, conjointement avec le Chapitre de Saint-Etienne et de Saint Caprais et les Consuls de ville ; il est toujours composé de 20 jésuites qui enseignent les basses classes, la philosophie et la théologie. Ce Colége n'avait pas plus de 2,500 livres et auroit eu de la peine à se soutenir si le Roy n'avoit pas eu la bonté de réunir depuis peu d'années cinq Prieurés qui luy rapporteront, après la mort des titulaires, 2,000 livres de revenu.

Les jésuites ont un autre Auspice à Clairac où ils entretiennent trois jésuites depuis 1687, par ordre du Roy, qui servent de missionnaires pour les nouveaux convertis. Sa Majesté a assigné une pension de 1,000 livres pour cela.

Il y a plusieurs Hopitaux dans ce diocèse, deux à Agen, l'un qui est pour les malades apellé l'Hôpital Saint-Jacques qui est fort ancien. On prétend qu'il auroit été établi originairement pour recevoir les pèlerins qui venoient visiter les reliques des saints martirs.

Il est administré par l'Evèque d'Agen et par deux députés du clergé, scauoir d'un Chanoine de la Cathédrale, et d'un de la Colégiale, deux députés du Présidial ou Sénéchal qui se trouvent par année au bureau à tour de rolle, et par les Consuls de la ville. Ceux cy nomment les quatre sindics pris des diférens corps de la ville qui, pendant une année, ont le soin du temporel de cet Hôpital dont ils rendent compte au bureau.

Il est déservi par des sœurs grises au nombre de cinq. Le revenu est d'environ 5,000 livres. On y reçoit tous les pauvres malades de la ville.

L'autre qui est pour les pauvres à la porte de la ville. Le batiment en a été fait par M. de Mascaron, Evèque d'Agen qui y a dépensé près de 80,000 livres ; on l'apelle la manufacture, parce qu'on y fait travailler les pauvres et surtout les enfants de tout sexe pour leur aprendre à gagner leur vie. Cet Hopital jouit à présent de près de 4,000 livres de revenu ; on y reçoit les pauvres à proportion de ce qu'on en peut nourrir.

Cet Hôpital est administré par l'Evèque d'Agen et six administrateurs qui changent tous les trois ans ; ils nomment en sortant ceux qui leur doivent succéder. Il est servi par des sœurs qui sont adonnées au service des pauvres.

Il y a à Villeneuve un Hôpital pour les malades. On ne sçait point dans quel temps, ni par qui il a été fondé. Tous les revenus de cet Hôpital montent à 2,500 livres. Il y a 24 lits qui sont ordinairement remplis. Le Maire de la ville avec le Curé et 4 bourgeois pris dans le corps de la ville sont administrateurs de cet hôpital qui est servi par trois sœurs grises.

L'Hôpital de Marmande est établi dans cette ville depuis près d'un siècle. Il a environ 4,000 livres de revenu ; il est destiné pour les malades pour lesquels il y a 16 lits, et pour la nouriture des enfants orphelins de la juridiction. Le juge de Marmande, les Consuls et quatre bourgeois en sont les administrateurs avec le Curé. Il est servi par des sœurs grises.

Au Port-Sainte-Marie, il y a aussi un Hôpital pour les malades. Les Consuls en sont administrateurs; il a environ 1,200 livres de revenu. Il est servi par des femmes qui sont nommées par les Consuls.

Il y a aussi à Sainte-Livrade et à Aiguillon un Hôpital pour les malades, mais ils ont si peu de revenu et sont si mal administrez qu'ils ne sont d'aucune utilité.

M. de Mascaron Evêque d'Agen rétablit à Aiguillon des Filles de la Croix qui avoient déja été établies par Madame la duchesse d'Aiguillon, mais qui n'avoient pû se soutenir. Cette communauté de filles qui est séculière est destinée à l'éducation de jeunes filles pour lesquelles elles tiennent des écoles publiques; elles font des conférences de piété tous les dimanches et fêtes pour les femmes. Cette communauté est composée de 10 à 12 filles sous la dépendance de l'Evêque d'Agen. Elles ont 8 ou 900 livres de revenu fixe.

Après la conversion des Huguenots en 1685, le Roy establit deux maisons de Filles de la Foy dans le Diocèse d'Agen, l'une à Tonneins, et l'autre à Sainte-Foy.[1]

On compte dans ce diocèse 26 milles nouveaux convertis, en y comprenant les hommes, les femmes, les enfants. Il peut y avoir 6,000 hommes, parmi lesquels il y a 800 gentilshommes; ils sont répandus dans tout le Diocèse d'Agen, mais surtout sur les bords de la Garonne et de la Dordogne.

Dans la nomenclature des établissements religieux du Diocèse de Condom qui suit, je relève comme appartenant à notre circonscription départementale actuelle :

---

[1] Et une autre à Nérac pour la conversion des filles nouvelles converties.

Le Chapitre du Mas-d'Agenois dont on n'a pu découvrir la fondation parce qu'elle est très ancienne. Il est composé d'un Prieur qui est élu du nombre des Chanoines, de douze Chanoines et de seize prébandes. Le Prieuré peut valoir 800 et les canonicats 400 livres.

Le Prieuré de Mézin de l'ordre de Cluny : M. l'Abbé de Poitiers en est pourveu ; il lui vaut 1,200 l. de revenu quitte de toutes charges. La communauté est composée de trois Bénédictins auxquels M. l'Abbé de Poitiers donne 200 l. de pension à chacun par an. Ce n'est que depuis sept ou huit ans que la réforme est établie dans cette communauté. Il y a encore beaucoup de contestations entre les Religieux qui y ont été introduits et les anciens.

Le Prieuré commandataire de Buzet[1] ordre de Saint-Benoit qui n'a pas de conventualité vaut 2.500 livres de revenu à M. l'Abbé Morel qui en est pourveu.

Le Prieuré de Monhurt[2] sans conventualité, de l'ordre de Saint-Benoit, vaut 1,500 l. de revenu quitte. M. de La Lanne, président au parlement de Bordeaux, en est pourveu.

La Communauté des Capucins de Nérac est composée de huit religieux.[3]

La Communauté des Clarisses d'Astaffort de l'ordre de Saint-François est composée de vingt-huit religieuses qui peuvent avoir 1,800 l. de revenu pour leur entretien.

La Communauté des Religieuses de Mézin de l'ordre de Notre-Dame est composé de dix-huit Religieuses de chœur qui ont, pour l'entretien de la maison, 1,200 l. de revenu.

La Communauté des Augustins de Mézin de l'ordre de Notre-Dame

---

[1] Commune de l'arrondissement de Nérac, célèbre par ses vins et par son château appartenant à M. de Noailles.

[2] Monheurt est surtout connu par son siège auquel assista Louis XIII, en 1621.

[3] Le couvent qui existe encore et qu'on est en train de transformer en école fut bâti, en 1620, par les ordres de Richelieu et donné aux Capucins qui y résidèrent jusqu'à la Révolution.

est composé de dix-huit Religieuses de chœur qui ont, pour l'entretien de la maison, 1,200 l. de revenu.[1]

La Communauté des Augustins de Mézin est composée de six Religieux qui ont 600 l. de revenu.

La Communauté des Religieuses de Mas-d'Agenois, ordre de Saint-Dominique, est composée de vingt-deux religieuses de chœur dont le revenu est de 2,000 l. pour l'entretien de la maison.

La Communauté des Cordeliers du Mas-d'Agenois est composée ordinairement de trois Religieux qui ont 300 livres de revenu.

La Communauté de Vopillon,[2] dans une paroisse qui porte ce nom, est de l'ordre de Fontevrault. Elle est composée de dix-neuf religieuses de chœur. Leur revenu est de 1,000 l.

La Communauté de Paradis (Paravis) près de Thouars est composée de trente-sept religieuses de chœur qui ont 6,000 l. de revenu pour leur entretien.[3]

La Communauté des Picquepucs, ordre de Saint-François à Barbaste,[4] est composée de six religieux qui peuvent avoir 200 l. de revenu fixe.

La Communauté des Pères de la Doctrine chrétienne à Nérac auxquels M. d'Epernon fit donner le colége de la ville[5] qui n'a que cinq classes ouvertes; il n'y a ni philosophie ni théologie. Cette communauté a 2,500 l. de revenu pour son entretien.

Il y a un Hôpital à Nérac où l'on exerce l'hospitalité pour les malades. Il y a ordinairement six lits. Il est sous la direction des Consuls

---

[1] Sauf un mot changé : *Augustins* au lieu de *Religieuses*, ce paragraphe ressemble tellement au précédent qu'on pourrait croire à une répétition.

[2] Aujourd'hui *Loupillon*, près Mézin, devenu la maison de campagne du député de Nérac et Ministre de l'Instruction publique, M. A. Fallières. *Habent sua fata.*

[3] Sur le couvent du Paravis, voir le *Dictionnaire historique et archéologique* de Samazeuilh, page 569, édition dernière. *Durey*, 1881.

[4] Commune de l'arrondissement de Nérac. Sur Barbaste, voir la *Guirlande des Marguerites*, p. 105.

[5] Ce collège occupait l'hôtel actuel de la sous-préfecture.

et administré par des serviteurs à gages. Il peut avoir six à sept cents livres de rente.

. . . .

Dans le diocèse de Bazas qui vient après celui de Condom, je trouve seulement :

Les Cordeliers de Casteljaloux composés de douze Religieux avec un revenu de 3.000 l.

Les Capucins de Casteljaloux au nombre de dix religieux.

La Communauté de l'ordre de Saint-Benoit à Casteljaloux est composée de dix religieuses qui ont 1.800 l. de revenu.

L'Hôpital de Casteljaloux a 900 l. de revenu.[1]

. . . .

Au diocèse de Bazas succèdent les Diocèses de Condom, d'Aire, de Dax, de Bayonne, de Tarbes ; des Evêchés comme ceux de Lescar, d'Angoulême, de Limoges, d'Auch qui avaient des paroisses dans la Généralité de Bordeaux avec des établissements religieux et enfin le chapitre 2 se termine par une récapitulation du nombre des nouveaux convertis s'élevant à 82,330[2] qui « ne sont pas répandus dans la province, mais occupent un canton qui s'étend entre la Dordogne

---

[1] En récapitulant les couvents, abbayes, prieurés, collèges, hôpitaux qui existaient en 1715 sur le territoire de la Généralité de Bordeaux qui forme le département de Lot-et-Garonne et en additionnant leurs rentes, on arrive, sauf erreur, à un chiffre de 86 établissements religieux, et à un revenu brut d'environ 200,000 l. sans compter le casuel considérable, ce que prélevaient les ordres mendiants en si grand nombre, et en laissant de côté l'évêché doté de 35,000 l. de rente et le clergé séculier avec ses droits de dîme et ses frais de culte. Il serait curieux de rapprocher de ces évaluations qui mériteraient d'être mieux précisées, le budget actuel des cultes dans le département de Lot-et-Garonne, en tenant compte de la différence des temps.

[2] La plus grande partie des nouveaux convertis du diocèse de Condom : 6,000 sur 7,500, appartenait à Nérac et aux paroisses voisines. Sur ces 6,000, il y avait 350 gentilshommes ou gens vivant noblement. Le mémoire est muet sur le nombre des Huguenots sortis du royaume et qui s'élevait à plus de cinq cent mille.

et la Garonne. Ils sont même établis des deux côtés des bords de ces deux rivières. C'est aussi le meilleur pays, le plus fertile et le plus riche de la généralité. » Dans cette dernière phrase, il y a un aveu à retenir.

Cette question des nouveaux convertis étant encore la question vitale, *la grande dominante*, en 1715,— 30 ans après la révocation de l'Edit de Nantes, — (1685) nous donnons ci-après l'opinion de M. de Lamoignon.

On se souviendra qu'on est à l'année même de la mort de Louis XIV et l'on constatera que les procédés de conversion, pour affecter alors des airs cruellement doucereux, n'en étaient pas moins effectifs.[1] Qu'on en juge :

« Il y a fort peu de noblesse parmi les nouveaux convertis et, parmi les gentilshommes, il n'y en a aucun qui soit distingué, qu'on puisse craindre de pouvoir jamais devenir chef de parti et si quelqu'un voulait l'entreprendre, la gloire et la jalousie qui est naturelle aux gens de ce pays-cy empêcheroit les autres de s'y soûmettre. Le plus grand nombre des nouveaux convertis est des marchands et quelques paysans.

Il n'y a jamais eu de mouvement parmi eux, ils se sont toûjours contentés de faire quelques assemblées secrètes de 10 ou 12 personnes au plus, et lors des mouvements des nouveaux convertis du Quercy qui furent apelés *tartavisas* et qui vinrent jusque dans le Sarladois et dans l'Agenois, il n'y en eut aucun de cette Généralité qui se joignit à eux quoy qu'il n'y eut point de troupes pour les soutenir.

Deux raisons les en empêchèrent. Premierement, leur négoce et

---

[1] La mort du Roi (1er septembre 1715) ne refroidit pas le zèle des convertisseurs officiels et les dragons royaux terrorisaient encore longtemps après la ville de Clairac qui pourtant avait été si cruellement éprouvée. Le subdélégué d'Agen, M. Couloussac, dénonce à l'Intendant les assemblées des protestants de Clairac à la date du 8 septembre 1767 et, bien qu'il eût des dragons, réclame instamment *des troupes nouvelles* pour mettre les rebelles à la raison.

leurs biens ; ils virent bien qu'ils seroient ruinés entièrement et per-
droient tout leur crédit si on eut pû les regarder comme complices
du moindre mouvement.

La seconde raison qui les contint fût la sçituation du pays où ils
sont ; c'est un pays ouvert, facile à aborder dans tous les endroits
et le nombre des anciens catholiques étant infiniment plus grand, ils
eurent d'abord pû être écrasez.

Il y a très peu de nouveaux convertis qui le soient véritablement.
Pendant les dernieres guerres, ils ont eû toujours dans l'espr t qu'ils
seroient compris dans les traitez de paix, qu'il y avoit quelque article secret pour eux, et ils n'en ont été désabusés que par les
dernières déclarations qui ont été données contre eux qui les
ont fait craindre qu'on n'eût plus d'atention que jamais sur ce qui
les regarde ; ils ne se flatent plus à présent que d'un changement
dans le Gouvernement. C'est la seule chose qui les empêche de prendre leur parti.

On ne peut pas dire aussi qu'ils soient huguenots. La plus part de
ceux qui avoient la connoissance de leur religion dans le temps des
conversions générales sont morts ; ceux qui restent a présent ont
perdu toute l'idée qu'ils pouvoient en avoir, et ceux qui sont venus
depuis n'en ayant eû aucune instruction, n'en ont nule connoissance.
Ils sçavent seulement que leur père était huguenot et qu'ils ne doivent pas être catholiques.

Ils ne font pas de difficulté de faire baptiser leurs enfants à l'E-
glise,[1] mais on en voit peu se marier avec des anciens catholiques ;
ils cherchent toujours à s'allier entr'eux, les Evêques ont beau faire
des dificultez pour ces mariages : ils y sont trompés tous les
jours.

Le parti que prennent sur cela les nouveaux convertis, est de ne

---

[1] Les Juifs se comportaient de la même façon. A Bordeaux, dit le mémoire,
« ils faisaient autrefoys baptiser leurs enfants. Cet usage s'est perdu. Ils
sont mariés par le Curé de leur paroisse après des publications de bans,
mais le mariage se fait ou chez le Curé ou dans une chambre ou dans la
sacristie. Ils les font ensuite chez eux secrètement, à leur manière. Ils ont
un cimetière particulier qu'ils louent ordinairement dans quelque maison

pas faire difficulté de se faire instruire pendant tout le temps que les Evêques jugent à propos, ils paroissent même être persuadés, ils se confessent et communient, mais, dès qu'ils sont mariés, ils retombent dans leurs premières erreurs et ne fréquentent plus ni les Eglises ni les Sacrements. La plus grande partie se contente de faire un mariage clandestin qu'ils font faire par des prêtres qui sont assez malheureux de se laisser suborner pour cela. Souvent même ils se contentent de simples contrats de mariage et de la promesse qu'ils se font réciproquement sans aucune bénédiction nuptiale, ce qui donnera lieu dans les suites à bien des discussions et bien des procéz sur le partage des successions et sur l'état des enfants.

Lorsque quelqu'un d'eux etoit malade, ils avoient un grand soin de cacher leurs maladies ; ils mouroient sans qu'on en fût averti et on enterroit les morts la nuit secrètement dans des caves ou dans les champs.[1] Les dernières déclarations qui enjoignent aux médecins

---

religieuse. Celui dont ils se servent à présent est chez les Cordeliers. Autrefois, lorsqu'ils étoient morts, le curé les alloit chercher et ils étoient enterrés avec la même cérémonie que les chrétiens. Cet abus a été réformé depuis 15 ou 20 ans. Ils enterrent leurs morts eux mêmes pendant la nuit sans cérémonie..... On en voit peu qui se convertisse. » Ainsi, juifs et protestants opposaient les mêmes moyens de résistance à la persécution commune.

[1] Un des collaborateurs de *la Guirlande des Marguerites*, M. Saint-Albin Gimet de Nérac, aujourd'hui juge de paix en Algérie, à propos de ces sépultures protestantes au milieu des champs, a écrit ces vers,

> Rome ouvrait à ses morts de riches basiliques.
> Heureux morts ! — Dormez y votre sommeil dernier,
> Tandis qu'au vent du nord frissonnent les reliques .
> Des parias chrétiens enfouis au charnier.

Et dans la note annexée, il est dit qu'aux environs de Nérac « il n'est pas rare de trouver sur le bord des routes, émergeant des tertres ou blanchissant l'herbe des carrefours, des ossements humains dont on ignore la provenance. Ce sont les os de nos pères, les réformés du xviie siècle, dont le Roi Louis XIV proscrivait même les cadavres.

> Soit, mais saluez tous, quel que soit votre culte,
> Ce carrefour funèbre et gardez qu'on l'insulte;
> Les vaincus d'ici bas là-haut sont triomphants !

d'avertir les Curés des maladies de ceux pour lesquels ils ont été apellés, qui renouvellent les anciennes peines contre ceux qui meurent relaps et un exemple qui a été fait dans Bordeaux contre la mémoire d'une personne de considération dont la plus grande partie des biens a été confisquée et dont la mémoire a été condamnée comme relaps, celle enfin qu'il ne sera pas nécessaire de raporter des actes d'abjuration pour qu'ils fussent censés catholiques, les a fort étonnez car leur deffence ordinaire étoit de dire qu'ils n'avoient jamais fait d'abjuration et on ne pouvoit pas prouver le contraire. La plupart de ceux qui sont morts depuis ont du moins témoigné qu'ils voulaient mourir dans la bonne religion et les familles ont eu grande attention d'éviter tout ce qui pourroit donner lieu à les faire condamner comme relaps.

Ils ne vont jamais aux Eglises ni pour entendre la messe ni pour entendre les sermons, et fréquentent encore moins les sacremens.

Il est certain qu'on peut dire qu'il n'y a plus de religion parmi les nouveaux convertis, et que ce n'est qu'une simple prévention qui les retient, et une fausse gloire qu'il serait aisé de détruire, n'y ayant que fort peu d'union parmi eux et ne cherchant point à se secourir entr'eux dans leurs besoins les plus pressants.

Il serait nécessaire, pour achever cet ouvrage qui tient a fort peu de chose dans cette Généralité : 1º D'empêcher s'il se pouvoit les mariages qu'ils font entr'eux à moins que ce ne fut avec gens reconnus pour bons Catholiques ; il peut y avoir bien des choses qui s'oposent à cela, mais ce seroit le plus sûr moyen d'éteindre la religion. Quelque prévenüe que soit une personne qui se marie avec un ancien catholique, elle revient plus facilement de ses erreurs ; du moins on est bien certain que ses enfants seront catholiques ; 2º Il seroit nécessaire d'établir partout de bonnes écoles pour l'éducation des enfants et d'obliger les nouveaux convertis de les y envoyer régulièrement. La difficulté des derniers temps n'a pas permis qu'on fit cette dépense qui doit être considérable, car il ne suffit pas de metre une personne à la tête de ces écoles qui pût leur aprendre à lire ou leur catéchisme ; il faudrait y mettre des gens qui pussent les instruire de fondz, et les persüader insensiblement et avec douceur de la vérité ; qui fussent capables de veiller qu'aucun enfant ne manquât à ces écoles, et qui ne pussent point se laisser corompre par les père et mère. Pareils établissements doivent se faire avec beaucoup d'atention et de dicernement dans le choix. Il seroit même nécessaire d'établir plusieurs écoles dans les lieux où il y a beaucoup de nouveaux convertis ; 3° Il ne suffit pas seulement d'avoir soin de l'éducation des enfants ; quelque bonne quelle soit, elle est bientôt corompüe par les instructions contraires que leur donnent les pères et mère.[1] Il faut songer à gagner principalement les chefs de familles, et pour cela, il est nécessaire de les exclure de toutes les charges de judicature et des villes, tant qu'ils ne font pas leur devoir de catholiques. L'attention qu'on a renouvellée sur cela depuis peu a fait beaucoup d'impression sur eux ; on a veu plusieurs des principaux dans les Eglises où ils n'avoient pas paru jusqu'alors. L'amour propre et l'ambition de se voir élevés dans une dignité au-dessus des autres l'emporte toûjours sur tout autre sentiment, surtout en ce pays-cy, mais ce qu'il y a de plus essentiel et de principal à faire est de les instruire ; ils ont été entièrement abandonnés depuis très longtemps, mais encore on n'a point cherché à les persuader par raison ; il n'est pas extraordinaire que leurs anciennes idées n'ayent pas été détruites. Cela ne se peut faire que par des missions faites par des gens sages, à la tête desquels il y ait des gens de considération, et s'il se peut du pays. Cela fait beaucoup plus d'impression sur l'esprit des peuples ; les obliger d'assister très régulièrement aux conférences de ces missionnaires et du moins témoigner vouloir qu'ils aillent à l'Eglise et leur faire craindre des châtiments s'ils n'y vont pas Ils s'accoûtumeront ainsi insensiblement aux mistères de notre Religion, et se metront en état de pouvoir recevoir les sacrements. Ils n'ont plus de connoissance de la Religion de leurs pères ; ils scavent qu'il faut en avoir une et il n'y a que la prévention qui les empêche d'être catholiques. Cette prévention sera bien tost détruitte, et pouvéu qu'on y veüille travailler avec exactitude et assiduité pendant quelques années, on peut s'assurer du succéz.[2] »

---

[1] Pourquoi donc les redouter lorsqu'à tant de reprises on affirme *qu'il n'y a plus de religion* parmi les nouveaux convertis, *qu'une simple prévention les retient, qu'ils ont perdu toute notion de leurs doctrines* et n'ont gardé de l'ancienne foi de leurs parents *nulle connoissance.* Ce bloc d'écoles me paraît un peu bien enfariné. — *Timeo danaos...* — Et la liberté des pères de famille ?

[2] Bien que la griffe perce partout sous le gant, on ne procédait pas toujours avec cette feinte douceur. Le subdélégué de Nérac, M. de Moncroq,

Pour en finir avec le chapitre II, je laisse de côté une assez longue digression sur les *Cagots, Capots, Gahets, Crestians, Gézits et Gézitains* qui n'apprend rien de nouveau sur cette question si controversée de l'origine de ces parias dont quelques familles vivent encore dans les régions Pyrénéennes et qui, d'après l'opinion la plus accréditée, seraient les descendants des Goths, appelés par dérision chiens **de** Gots (*canes gothi*).

en 1759, c'est-à-dire plus de 40 après, écrivait à l'intendant le 28 juillet : « J'avois commencé ici avec beaucoup de succès à gagner les pères et mères de faire aller leurs enfants aux instructions de la paroisse et aux offices divins. Mais plusieurs lettres, pour me faire le contrecarré, ont déterminé ces gens à ne pas persévérer. J'espère cependant que si vous voulez en faire quelque exemple, *en mettant deux ou trois filles dans les couvents*, tout le reste se rendroit à mes représentations paternelles. » Et cet autre fait cité par M. Crozet : un Curé se plaint qu'une fille danse, qu'une autre commet de *l'escandale* en ne communiant pas. L'Intendant répond « qu'avec de l'argent, il les fera enfermer au couvent de Saint-François de Lamonjoie ou à la maison de refuge d'Agen. » Avec de l'*argent*, toujours de l'argent !

CHAPITRE III.

Du Gouvernement militaire.

Le Chapitre III contient *ce qui regarde le gouvernement militaire.* En voici le sommaire qui suffira à expliquer pourquoi nous le résumons très rapidement.

« Ce chapitre comprendra non seulement tout ce qui peut avoir quelque rapport au gouvernement général de la province, et aux gouvernements particuliers des pays, des villes et des châteaux qui sont dans cette Généralité, le nombre de troupes qu'ils peuvent contenir, les différentes milices qui sont établies, la manière dont les étapes sont fournies aux troupes, les lieux où l'on peut mettre de l'infanterie ou de la cavalerie en quartier, le salpêtre, la quantité qu'on en peut retirer de cette Généralité, ce qui serait nécessaire pour établir des haras, mais encore tout ce qui regarde la marine, le nombre de matelots qui sont compris dans les classes, les bâtiments grands ou petits qui peuvent aller à la mer, les différentes, capitaineries garde-côtes qui sont établies depuis peu et leur utilité, et je finirai par la description de la frontière et des côtes. »

Telles sont les indications de ce chapitre. Il intéresse fort peu notre région qui, prise entre la mer et la frontière, n'avait ni citadelles ni places fortes et ne relevait du Gouverneur militaire que par les garnisons et le passage des troupes.

Le Commandant militaire de la Guienne était, en 1715, le Maréchal de Montrevel,[1] qui résidait à Bordeaux et touchait 60,000 livres de rente. Les Lieutenants Généraux sous ses ordres étaient le Marquis d'Ambres,[2] pour la Bigorre et la Généralité de Montauban rattachée au gouvernement militaire de la Guienne, et le Marquis de Noailles,[3] pour le reste de la Généralité, avec chacun 24,000 livres d'appointements.

Après eux venaient, dans chaque élection, les Lieutenants du Roy dont les charges se vendaient et qui, en dehors des 2,500 livres d'appointements qu'ils en tiraient, « ne se mêloient de rien et n'avoient d'autre distinction ou prérogative que celle que le mérite et la naissance leur donnoit. »

Le mémoire énumère les Gouverneurs et Commandants de citadelles, châteaux et places fortes, tels que la Citadelle de Blaye, le Château Trompette, le Fort Sainte Croix, le Fort Médoc, le Château du Haa, la Citadelle de Bayonne, le Fort de Socoa,[4] la Redoute de Handaye, la Place de Dax, le Château de Lourdes. La description détaillée de chacune de ces places fortes est accompagnée d'un plan exécuté à la main.

Dans l'Agenais on ne relève que trois Gouvernements militaires d'assez mince importance :

Celui de Puymirol,[5] qui vaut 200 livres à son gouverneur, M. de Pujols ;

---

[1] La Baume Montrevel, famille chevaleresque issue de la Bresse (V. *Dictionnaire de la Noblesse*, de La Chesnaye Desbois). Le Maréchal descendait de ce Guillaume de Montrevel visé dans ce curieux passage d'une charte de 1283 où le Roy d'Angleterre donne à Guillaume de Montrevel, pour ses loyaux services « un Juif de Bordeaux du nom de Bofferen, avec tous ses biens, pour en jouir pendant trois ans, après lesquels le dict Juif, avec tous ses biens, rentrera sous notre puissance et celle de nos successeurs. »

[2] Louis-Hector de Gélas, marquis d'Ambres, succéda comme Lieutenant général à son père qui avait, pendant son gouvernement, fait raser le temple protestant de Nérac. Parents de Monluc, les Gélas restaient fidèles à sa devise et soutenaient, le fer à la main, les droits de Dieu : *Deo duce, ferro comite.*

Jean-Emmanuel, dit le marquis de Noailles, devint en 1702, à la mort de son frère, Lieutenant général de Guienne. Il mourut à trente-quatre ans et fut inhumé à Notre-Dame de Paris.

[4] Sur le plan de ce fort du Socoa, on voit la rade de Saint-Jean-de-Luz et l'on distingue la partie de cette ville qui, depuis, a été enlevée par la mer.

[5] « *Fiat lux in virtute tuâ et abundantia in turribus tuis,* » dit la devise de Puymirol qui doit son nom à sa situation élevée. Les ruines de son château

Castillonès qui vaut 4,000 livres à M. de Polastron ;

Castelculier,[1] dont le gouverneur, M. le Lieutenant Général d'Aubeterre,[2] ne touche que 500 livres de revenu.

Dans l'estat des lieux où l'on peut mettre des troupes de cavalerie et d'infanterie présenté par l'Intendant, Agen est compté au minimum pour trois compagnies de cavalerie ;[3] Villeneuve, Marmande, Nérac pour deux ; Le Port-Sainte-Marie, Lauzun, Castillonnès, Penne, Monflanquin, Sainte-Livrade, Valence d'Agen, Aiguillon Mézin, et Casteljaloux pour une.

A Tonneins, on peut mettre six compagnies d'infanterie ; à Clairac, à Puymirol, à la Sauvetat, à Monclar, à Tournon, on peut en mettre deux.

Le chapitre s'achève par le « détail de quelques milices,[4] » la distribution des étapes, l'état des quartiers de marine,[5] des ports, des

---

fort, le *Grand Castel*, bâti par les comtes de Toulouse subsistent encore. La conférence de Nérac accorda Puymirol au Roy de Navarre comme place de sûreté.

[1] Castelculier qui a eu l'honneur insigne d'être chanté par Jasmin :

> Al pè d'aquel'hauto mountagno,
> Oun se pinquo Castelcuillè,

était au XIe siècle un château fort renommé. Il fit parler de lui pendant les guerres de religion. Devenu un repaire de brigands au XVIIe siècle, il fut rasé par ordre du Roi Louis XIII.

[2] Pierre Bouchard d'Esparbez de Lussan, seigneur comte d'Aubeterre, mort en 1748 à l'âge de 91 ans.

[3] Les compagnies étaient ordinairement de cinquante hommes et un régiment se composait de quinze compagnies.

[4] Il y est question entr'autres de celles du pays de Labour : vingt compagnies de cinquante hommes chacune, commandées par le vicomte d'Urtubie.

[5] Le département de Bordeaux se divisait en quartiers de marine. Agen et Marmande en étaient un, grâce à leur position sur la Garonne. Dans le quartier d'Agen, on comptait 1789 matelots ou mousses, 223 de moins qu'à Bordeaux où il y en avait 2012. Marmande en comptait 786. Agen avait 160 couraux et 78 filandières. Marmande 90 couraux. Les couraux étaient des barques de transport de 15 à 30 tonneaux. Les tillolies devenues rares

Capitaineries garde-côtes, officiers mariniers, matelots et mousses, comme aussi des vaisseaux, barques, bateaux, couraux, filandières, chaloupes, pinasses, tilloles, gabares, et enfin par la délimitation des frontières qui sont toutes du côté de l'Espagne.

à Bayonne, étaient des bateaux de promenade. On chante encore sur l'Adour la chanson des tilloliers retrouvée par un aimable poète gascon, M. Lagravère :

> Abets bous bis lous tilloulès
> Couan soun brabes, ardits, leugès,
> Hezen la proumenade,
> Capsuz Peyrehourade, etc. etc.

CHAPITRE IV.

De l'Administration de la Justice.

L'histoire du Parlement de Bordeaux remplit les 174 premières pages de ce chapitre qui *concerne l'Administration de la Justice*. Or, cette administration embrassait toute la Généralité, et comme les Sénéchaussées d'Agen et de Nérac en dépendaient, avant d'en venir à elles, nous ne pouvons nous dispenser de faire connaître tout au moins l'esprit politique de cette Cour qui nous est révélée par son histoire. Son dernier historien, M. Boscheron Desportes n'a probablement pas connu le Mémoire de M. de Lamoignon, mais comme avant lui Dom Devienne, il a puisé aux mêmes sources : les différentes chroniques bourdeloises de de Lurbe, Jean de Serre, Darnalt et Gaufreteau, le Journal de Cruzeau, l'Histoire des mouvements de Bourdeaux publiée en 1651, chez Mongiron Millanges, l'Histoire de la vie du duc d'Epernon de Girard, ce qui reste des Archives du Parlement, etc., etc. Aussi les faits étant connus et se trouvant un peu partout, nous nous en tiendrons à une revue très rapide pour marquer seulement les traits saillants, signaler certaines variantes et déduire l'enseignement historique de ce résumé.

Nous passons, sans nous y arrêter, sur la création du Parlement de Bordeaux par Charles VII, et le premier événement notable que nous relevons sera l'émeute de 1548 provoquée par l'impôt sur le sel établi par Henri II. Cette prise d'armes racontée avec moins de détails à la page 42 de la *Chronique de Gabriel de Lurbe*, causa la mort du lieutenant du Roy, le sieur de Moneins,[1] qui fut tué avec quelques gentilshommes de sa suite. Les cadavres de ces victimes, dit le Mémoire, « furent salés et traînés dans les rues par la populace pendant plusieurs jours. » Le Parlement fut accusé d'avoir prêté la main à la rebellion. Or, si nous parlons de cette insurrection après

---

[1] Tristan de Moneins, seigneur et baron de Moneins en Béarn, Gouverneur du Béarn et du Ruis, Lieutenant Général pour le Roy en Guyenne sur le Roy de Navarre possédait le château d'Urtubie qui se voit encore sur la route de Saint-Jean-de-Luz à Béhobie, un peu avant le village d'Urugne dont le cadran solaire avec sa devise : *Vulnerant omnes, ultima necat*, inspira de si beaux vers à Théophile Gautier. (V., sur la famille de Moneins, le *Traité en forme d'abrégé de l'histoire d'Aquitaine, Guyenne et Gascogne*, de P. Louvet, 1 vol., Bordeaux, 1659. Voir aussi les ouvrages de Jean de L'Urbe, Jean de Serres, Dupleix, etc.)

tant d'autres, c'est qu'on y voit éclater, entre le pouvoir royal et l'autorité judiciaire, le premier de ces conflits qui devaient se mulitplier dans l'avenir.

Le connétable de Montmorency envoyé pour venger l'injure, commença par interdire le Parlement; c'était affirmer qu'il le croyait coupable. Ensuite, il condamna à mort et fit exécuter un certain nombre de personnes, parmi lesquelles trois gentilshommes, enleva les cloches aux églises, livra aux flammes les titres de l'Hôtel de Ville, obligea le peuple à venir plusieurs jours de suite, la corde au cou, crier *miséricorce* sous ses fenêtres, *fit déterrer, avec les ongles, le corps de Tristan de Monein par cinquante des principaux bourgeois de la ville qui durent suivre l'enterrement à Saint-André*, et confisqua tous les revenus de la ville qui, *depuis ne lui furent jamais rendus.*

Le Parlement fut rétabli en 1549 et, six ans après, en 1555, il avait pour Président ce Lagebaston,[1] dont l'avancement rapide et la vie si tourmentée est racontée tout au long. Comme elle se trouve ailleurs, je n'insiste pas.

Puis, viennent, en 1611, les disputes, questions de préséance et autres querelles personnelles entre le Duc d'Epernon et le Maréchal d'Ornano qui aboutirent à un cartel où le Duc d'Epernon demandait au Maréchal de lui fixer un jour pour avoir, disait il, « le bien de vous embrasser en chemise, avec les armes d'un chevalier qui sont une espée et un poignard, afin que j'aye moyen de vous faire voir qu'il n'est pas en la puissance d'un Corse de faire affront à un gentilhomme françois. » Le roi Henri IV dut s'entremettre et, sur son ordre, en sa présence, le Maréchal d'Ornano fit des excuses au Duc[2]

---

[1] Il passait pour être le fils naturel de François Ier auquel il ressemblait beaucoup. C'est à cette même époque que prit naissance la rumeur traitée de fable par l'auteur du Mémoire « d'une Reine ou Princesse de Navarre qui auroit empoisonné plusieurs Conseillers du Parlement à la buvette. » L'auteur ajoute : « Il fut bien établi quatre charges de conseillers au Parlement qui avoient été supprimées par Charles IX ou Henri II, l'époque n'est pas certaine, et ces charges furent données à la Princesse de Navarre. On ne sçait si c'est Marguerite de Valois, femme de Henri de Navarre, depuis Roy de France, ou la Princesse Catherine de Navarre, sa sœur. » Il n'y a pas, dit-on, de fumée sans feu, et si, à Agen par exemple, il fallait accuser quelqu'une de ces deux princessses, on écarterait la douce Catherine pour se retourner contre celle qui a laissé dans cette ville une assez mauvaise réputation.

[2] D'Ornano, Alphonse, Colonel général des Corses, Chevalier des ordres du Roy et Maréchal de France, fut Lieutenant Général en Guyenne en 1598. Il mourut à Paris à la suite d'une opération de la taille et fut enseveli à

qui daigna s'en contenter et parut s'autoriser de cette approbation relative du Roi pour redoubler d'insolence envers le Parlement, ainsi que nous le verrons plus tard.

Henri IV d'ailleurs avait d'autant plus de faiblesse pour le Duc d'Epernon que ce dernier n'aimait pas plus que lui le Parlement de Bordeaux. Il le témoigna à cette compagnie à l'occasion de certaines remontrances faites par le Parlement au sujet d'un de ses édits, en répondant « en grand Roy et en bon soldat » — en soldat surtout, — « que tous les Parlements de son Royaume ne valaient rien, et que celuy de Bordeaux estoit le pire de tous » en reprochant à ses membres « leurs concussions et leurs voleries, » en déclarant enfin, pour toute conclusion « qu'il voulait estre obéi. » Force fut bien au Parlement de se soumettre, mais encore là, on voit qu'entre les deux autorités, il y avait plus que de la mésintelligence.

En 1611, après la mort du Roy Henry, l'auteur du Mémoire nous fait assister à l'entrée en grande pompe à Bordeaux du Prince de Condé nommé Gouverneur de Guienne par la Reine Regente. Cette cérémonie est décrite tout au long, comme aussi le passage de Louis XIII à Bordeaux, en 1615,[1] le mariage de sa sœur avec le Roy d'Espagne et l'entrée solennelle de leurs Majestés.

Bordeaux. C'est à lui que Henri IV donna le mobilier du château de Nérac. V. *Inventaire des meubles et armes contenus dans le cabinet du Roy en son chasteau de Nérac en 1606*, publié par M. Tamizey de Larroque. Le maréchal d'Ornano étant à Agen, en novembre 1605, vint à Nérac où il fut reçu en grande pompe. V. *Dictionnaire géographique et historique*, de Samazeuilh, page 436, et la *Chronique d'Isaac de Pérès*.

[1] En présence du Roy, le Maréchal a dit à M. le duc d'Espernon : « Monsieur, pour vous esclaircir et vous rendre satisfait de ce qui se passa dernièrement à Bordeaux, je commenceray par vous dire que je ne vous ai point reconnu ni tenu que pour très humble sujet et très fidèle serviteur du Roy et ainsy l'ay tousjours dict et diray partout. Il est vray que la jalousie où me mirent quelques rapports que j'ai cru trop promptement, me fit faire des choses qui m'ont apporté beaucoup de desplaisir, ayant reconnu lesdits rapports faux, mon intention n'ayant jamais été de vous offenser. Je voudroi m'avoir cousté beaucoup, et qu'elles ne fussent jamais arrivées. Je vous prie donc de m'en excuser et me tenir pour vostre amy qui désire vous faire service. Quant au manifeste, tant s'en faut que je l'approuve, que je ne le vis oncques, ne l'ay point faict faire et j'ay toujours désavoué et désavoue celuy qui l'a faict. » Le Duc répondit, non sans hauteur : « Monsieur, puisque le Roy me juge satisfait de ce que vous me dites, que vous me priez d'oublier ce qui s'est passé et désirez mon amitié, je me contente et seray, comme j'estois auparavant, votre amy à vous servir. » (*Histoire de la vie du duc d'Espernon de Girard.*)

C'est encore vers ce temps, quelques années après, que se placent, entre le Duc d'Epernon et le Parlement ces conflits scandaleux[1] qui ne furent dépassés que par ceux qui éclatèrent un peu plus tard entre ce même Duc et le nouvel Archevêque de Bordeaux, François de Sourdis, qui avait succédé au Cardinal son frère et qui passait pour une créature du Cardinal de Richelieu peu sympathique naturellement au duc d'Epernon.[2]

Le terrible mauvais coucheur du château de Cadillac étant mort réconcilié bien entendu avec l'Eglise qui l'avait excommunié, son fils Bernard ne suivit que trop son exemple. Il commença par rompre avec le Parlement, en s'autorisant toujours de son dévouement au service du Roy, et le força à lever des troupes pour marcher contre son armée. Les soldats du Parlement prirent Vaïres et furent battus devant Libourne où leur commandant, M. de Chambré, fut tué.

Avec ces dispositions peu favorables au pouvoir Royal, il ne faut pas s'étonner de voir le Parlement se jeter à corps perdu dans le

---

[1] Le roi Louis XIII était encore à Bordeaux lorsqu'un gentilhomme, Belcastel, condamné par le Parlement à avoir la tête tranchée, fût enlevé de vive force, sur les ordres du cardinal de Sourdis archevêque de Bordeaux qui ne consentit jamais à le livrer à la justice. L'éxaspération du Parlement contre les incessantes provocations du duc arriva à un tel point que, par délibération, il déclara net surseoir à tout exercice de justice jusqu'à ce que le Roi *eut obligé le Duc à une réparation convenable.* Comme toujours, le Roi n'en fit rien. Or, quand on pense au rôle que certains historiens ont prêté au Duc d'Epernon, lors de la conspiration de Biron dont il était l'ami, et aux circonstances de la mort de Henri IV, on se demande si la Reine Régente ou le Roi Louis XIII étaient bien en mesure d'imposer l'obéissance au plus effronté des Gascons.

[2] L'Archevêque de Bordeaux se rendant en habits pontificaux à une assemblée religieuse convoquée dans le but de procéder à l'excommunication du Duc d'Epernon qui l'avait insulté publiquement, se rencontre avec lui en pleine rue. Le Duc se précipite sur l'Archevêque et le frappe à coups de poing dans la poitrine. — « Frappe tyran, tu es excommunié, » s'écrie le prélat, et comme il avait son chapeau sur la tête, le Duc le lui enlève d'un coup de canne en lui disant que, « sans son caractère, il lui apprendroit le respect qui lui étoit dû. » Les choses eussent été plus loin, ajoute le Mémoire, si on ne les eût séparés. » Il va sans dire que le Duc fut excommunié. Cette figure du Duc d'Epernon est en vérité bien curieuse, et nous hâtons de tous nos vœux la publication de l'Histoire de cette maison promise par M. Georges de Montbrison qui nous a affriandés par l'article si curieux sur le Duc d'Epernon publié dans la *Revue des deux Mondes* en 1874.

parti de la Fronde et acclamer en majorité la révolte du Prince de Condé. Il ne faisait en cela que venger ses propres injures. Toutefois, certains conseillers se détachèrent, entr'autres le président du Bernet, et ceux là furent chassés de la ville « comme adhérans au party du Roy. » On ne pouvait avouer plus hautement que c'était au Souverain qu'on en voulait.

C'est alors, en 1652, en pleine rebellion frondeuse, au lendemain du jour où la grande Demoiselle, fille de Gaston d'Orléans, ouvrait à Condé les portes de Paris et faisait tirer sur les troupes du Roi le canon de la Bastille, que parût la déclaration transférant à Agen le Parlement de Bordeaux. Cette déclaration du 6 octobre 1652 portait interdit contre la plupart des officiers du Parlement qui étaient restés à Bordeaux, et ils étaient si nombreux que les amis du Roy qui se réunirent à Agen n'y purent composer qu'une seule Chambre. La peste ayant éclaté à Agen, le Parlement alla siéger à La Réole jusqu'en 1654 où il eut à enregistrer, le 22 janvier, les lettres patentes qui octroyaient l'amnistie à la ville de Bordeaux.[1]

La paix ne rentra pas avec le Parlement. Dix ans plus tard, une nouvelle émeute fait explosion dans le quartier Saint-Michel et le peuple imposa, dit-on, sa volonté au Parlement qui n'opposa peut-être pas, en effet, une grande résistance et fût puni de sa faiblesse par un nouveau renvoi à Condom d'abord, puis à Marmande et à La Réole. Ce ne fût qu'après quinze ans d'absence et de déplacements successifs qu'en 1690, ce Parlement nomade revint enfin à Bordeaux et n'en sortit plus. Il s'en allait temps.

Si stable qu'il paraisse en 1715 à l'auteur du Mémoire, il ne lui inspire encore qu'une confiance très relative et l'on sent toujours, dans l'esprit de l'intendant cette sourde hostilité que tous les agents directs du pouvoir royal n'ont cessé de nourrir contre le Parlement. M. de Lamoignon accuse ses membres de « si peu d'union et de tant de jalousie entr'eux qu'il n'est pas possible de se flatter de leur faire prendre aucun party dans les temps difficiles. » Il était impossible à un fonctionnaire royal aussi haut placé qu'un intendant de dire plus clairement que le Parlement de Bordeaux n'avait qu'un dévouement relatif pour l'autorité du Roi.

Si cependant il se montrait ombrageux dans la défense de ses attributions, s'il avait l'air de tenir la cause du peuple en refusant d'enregistrer quelques édits relatifs aux taxes, le Parlement se retrouvait avec le Souverain sur le terrain commun des persécutions reli-

---

[1] Excédée par les abus de pouvoir de l'assemblée de l'Ormée qui s'était substituée à toute autorité, Bordeaux demanda l'amnistie qui lui fut accordée au prixde la tête d'un de ses meneurs, Duretête, qui fut tranchée et exposée au haut d'une tour. Une pyramide dressés en expiation, avec l'arrêt gravé sur une plaque de cuivre, existait encore en 1715.

gieuses. Il est de 1713 cet arrêt de la Cour du Parlement de Bordeaux qui poursuit jusqu'au delà du tombeau un nouveau converti le sieur de Journiac écuyer, convaincu d'être mort coupable de crime de relaps et d'apostasie. Le Parlement, « pour la réparation de ce crime, ordonne que sa mémoire demeure éteinte, supprimée, et condamnée à perpétuité. » L'arrêt ajoute une amende qui ne pourra être moindre que la moitié de la valeur de ses biens.[1] »

---

[1] Ce n'est pas seulement le Parlement de Bordeaux qui juge de la sorte. Celui de Toulouse fait pis encore et j'ai sous les yeux un arrêt de la Cour de Toulouse autrement terrible qui condamne à mort quatre de nos compatriotes : « Le nommé Rochette, prédicant, à être pendu, et les trois frères Greniers, gentilshommes verriers, à être décapités. Quel était leur crime ? François Rochette avait été « atteint et convaincu d'avoir fait les fonctions de ministre de la Religion P. R, prêché, baptisé, fait la cène et des mariages dans des Assemblées désignées du nom de Désert. » On avait trouvé sur lui sa patente de Ministre du 28 janvier 1760 datée du Désert du Haut-Languedoc et signée de Sicart, Gardès, Pasteur, et Figuières, des cahiers de baptême et de mariages, des états de cotisations faites sur plusieurs villages de l'Agenois appelés Longueville, Lafitte, Marsac, Laprade, Tonens-dessous et Tonens-dessus, Castelmauron, Grateloup, Saint-Pierre, Saint-Vincent, Lacépède, Clairac et autres, montant à la somme de 933 l. » Le crime étoit indéniable. Il avoit été emprisonné à Caussade et les Frères Greniers avoient tenté de le délivrer avec quelques amis : Viguier, Viala, Donnadieu, l'Hospital, Borrel, Valès, Rudelle d'Abbadie et Mauran. En conséquence, la Cour de Toulouse « les a condamnés et condamne à être livrés ès mains de l'exécuteur de la haute justice, qui, ayant dépouillé le dit Rochette, tête, pieds nus, en chemise, la hart au col, ayant écriteaux devant et derrière portant ces mots : *Ministre de la Religion prétendue réformée*, montera, tant le dit Rochette que les dits trois Greniers frères, sur le charriot à ce destiné, les conduira devant la porte principale de l'Eglise Saint-Etienne de cette ville où, étant à genoux, tenant en ses mains une torche de cire jaune, du poids de deux livres, lui fera faire amende honorable et demander pardon à Dieu, au Roy, à la justice, de ses crimes et méfaits; et l'ayant remonté sur le dit chariot, les conduira à la petite place du Salin où, à une potence qui à cet effet y sera plantée, le dit Rochette sera pendu et étranglé jusqu'à ce que mort naturelle s'en suive ; après quoi, le dit exécuteur fera monter sur un échafaud qui sera dressé à cet effet dans la même place du Salin les dits trois frères Greniers où il leur tranchera la tête. Scavoir à Grenier Commel le premier, Grenier Sarradou le second, et Grenier Lourmade le dernier. Condamne en outre les dits Vialla et Viguier à servir le

Ainsi, opposition au Roi sur toutes les questions de politique générale ou d'intérêts privés ; entente avec lui en matière de persécution religieuse, voilà bien l'esprit qui se dégage de l'histoire du Parlement de Bordeaux.

Maintenant, le Mémoire passe en revue chacun des conseillers et, parmi les présidents à mortier, il parle en ces termes de M. de Montesquieu, l'oncle de l'auteur de l'*Esprit des lois*,[1] dont la famille est originaire de l'agenais :

« **M. de Montesquieu**, dont le nom est Secondat, est le fils d'un Président à mortier. Il y a environ 150 ans que ses agents étoient trésoriers de France. La mère du Maréchal d'Estrades étoit sœur de son grand père ; il n'a point d'enfants mais il a un neveu fils de son frère qui est actuellement conseiller au Parlement.[2] Il y a deux branches de son nom qui sont gentilshommes dans l'Agenois. »

Roy par force sur les galères, Vialla pour six ans et Viguier pour dix, après leur avoir préablement appliqué sur l'épaule droite par l'exécuteur avec un fer ardent les trois lettres GAL. Condamne Donnadieu au bannissement des Sénéchaussées de Montauban et de Toulouse pendant 5 ans, à peine de vie s'il rompait son ban, décharge l'Hospital, Borrel et Valès, relaxe Rudelle d'Abbadie et Mauran et ordonne que les nommés Sicard et Gardés pasteurs du Haut Languedoc seront pris et saisis au corps partout où ils seront trouvés. Les biens des condamnés sont naturellement confisqués. Cet épouvantable arrêt fut exécuté dans sa teneur le 19 février 1762. 77 ans après la Révocation de l'Edit de Nantes, et 27 ans seulement avant la Révolution. \extrait des registres du Parlement de Toulouse.)

[1] Dans le Mémoire primitif de 1699, M. Bazin de Bezons disait de cet oncle que le neveu a fait oublier : « M. de Montesquieu qui est bien en estat d'agir est regardé comme à la teste du banc (des présidents à mortier.) Il est petit fils, du côté de sa mère, de feu M. de Bernay qui est mort premier Président de ce Parlement. Il est homme de mérite et de capacité et fait très bien sa charge. »

[2] Ce neveu est le grand Montesquieu qui avait été nommé Conseiller en 1714, à 25 ans. Deux ans après, le 13 juillet 1716, il succéda à son oncle dans sa charge de Président à mortier pour laquelle il avait, dit-il lui-même, fort peu de goût : « Quant à mon métier de Président, j'ai le cœur très droit, je comprenais assez les questions en elles-mêmes ; mais quant à la procédure, je n'y entendais rien. Je m'y suis pourtant appliqué, mais ce qui me dégoûtait le plus, c'est que je voyais à des bêtes le même talent qui me fuyait pour ainsi dire

Un autre nom très illustre, celui de Montaigne, était encore porté en 1715 au Parlement de Bordeaux par un descendant de l'auteur des *Essais* qui lui-même avait été conseiller au même Parlement, avant de devenir maire de Bordeaux aux jours les plus difficiles du xvie siècle.

Parmi les gloires antérieures dont M. de Lamoignon évoque le souvenir, je ne citerai que les noms des Présidents et des Conseillers délégués à la Chambre de l'Edit de Nérac tant qu'exista cette juridiction créée par Henri IV à la suite de l'Edit de Nantes. MM. de Chézac [1] Pichon et Lalanne en furent les présidents à différente reprises. Au nombre des Conseillers, on trouve MM. de Guilleragues, de Mons, Rabas, Leblanc et Ternau. [2]

La série se termine heureusement par le conseiller au Parlement, Florimond de Raymond, un agenais illustre, dont voici la notice textuellement reproduite : « Florimond de Raymond a tenu son rang parmy les plus beaux esprits de la fin du xvie siècle. Son fils fust conseiller du Parlement après lui. Les descendants de celui-cy ont quitté la robe. Cette famille est différente de celle de Raimond de Sallegourde dont il a été parlé déjà. [3] »

Nous passons maintenant aux Sénéchaussées dépendant du Parlement de Bordeaux. La Généralité en comprenait huit : celles de Guienne, des Lannes, du Bazadois, du Perigord, de Marsan, de Bigore, d'Albret et d'Agenois.

Nous nous occuperons exclusivement des deux dernières qui seules rentrent dans notre sujet.

Le Sénéchal d'Albret était le marquis de Lansac [4] Roquetaillade ; le Sénéchal d'Agenois, le marquis de Belzunce, beau-frère du duc de Lauzun. [5]

---

[1] Nesmond de Chézac.

[2] Sur tous ces magistrats, on trouvera des renseignements dans l'*Histoire du Parlement de Bordeaux* de M. Boscheron des Portes et aussi dans les notes de la Chronique Pérès récemment publiée dans la *Revue de l'Agenais.*

[3] Plus haut, on lit en effet dans le Mémoire : « M. de Sallegourde fils d'un Président aux enquêtes est d'une très ancienne noblesse du Périgord. Cette famille a toujours servi dans l'épée. Son nom est Raimond. »

[4] Les Lansac ajoutèrent à leur nom celui de Roquetaillade en prenant possession du château de ce nom bâti au xive siècle par le Cardinal de Lamothe parent de Clément V. Les superbes ruines de ce château sont dans la commune de Mazères entre Bazas et Langon. Les Lansac donnèrent plusieurs maires à la ville de Bordeaux.

[5] La charge de Sénéchal de France était autrefois la première de la couronne. Cet officier avait le commandement des armées, l'administration des

Sur la Sénéchaussée d'Albret, l'auteur du mémoire s'exprime ainsi :

La Sénéchaussée d'Albret n'est pas aussi ancienne que les autres.

Henri II érigea en duché l'an 1556, en faveur d'Antoine de Bourbon et de Jeanne d'Albret, Roy et Reyne de Navarre, toutes les terres que la maison d'Albret possédoit dans cette Généralité et lui donna le nom du village d'Albret situé dans la Lande qui étoit aussi celui de cette maison ; il leur permit d'y établir un Sénéchal pour rendre la justice en quatre différens sièges : à Nérac, à Tartas, à Casteljaloux et à Castelmoron.

Henri IV leur fils étant devenu Roy de France, fit un édit l'an 1607 par lequel il fit officiers royaux tous les officiers des terres qui lui appartenoient lorsqu'il parvint à la couronne.

Les officiers du duché d'Albret devinrent par là officiers royaux et cette Sénéchaussée de ducale qu'elle étoit devint royale. Le Roy ayant donné le duché d'Albret à M. le duc de Bouillon en 1751 pour pacte de l'échange de Sédan et de Raucour, cela a donné lieu à un grand procès entre M. le duc de Bouillon et une partie de cette Sénéchaussée qui prétendent se conserver royaux, au lieu que M. le Duc de Bouillon soutient qu'ils ne peuvent être que ducals, excepté ceux de Nérac où il prétend que tous les cas Royaux de cette Sénéchaussée soient portés. Les officiers des sièges de Casteljaloux et de

---

finances et la justice suprême du Royaume. Les sénéchaux prenaient la qualité de Gouverneurs des pays où ils étaient envoyés, nommaient les officiers du Roy et les destituaient à leur gré. Il en fût ainsi jusqu'à François Ier qui, craignant leurs empiètements, leur enleva la justice et les finances, ne leur laissant que le commandement du Ban et de l'arrière Ban. En temps de paix, la fonction n'était donc plus qu'honorifique, mais la noblesse ne laissa pas d'avoir toujours cette charge en grande considération. Il fallait d'abord pour l'exercer être gentilhomme de nom et d'arme et avoir commandé auparavant en qualité d'officier des Gendarmes des ordonnances.

Le Sénéchal d'Agenois, en 1715, Armand, marquis de Belzunce et de Castelmoron, baron de Gavaudun, seigneur de Born en Agenois, avait épousé Anne de Caumont de Lauzun. Il était issu de la seconde branche des Belzunce qui sont originaires d'Italie.

Castelmoron ont pour la plupart renoncé à prendre des provisions du Roy ; ceux de Tartas ont continué d'en prendre et de juger en dernier ressort avec le Vice-Sénéchal d'Albret en conséquence d'une atribution qu'ils ont eue. Ce procés est à juger au Conseil.[1]

. . . .

Henri II ayant, par son édit de l'année 1551, créé des Présidiaux, il en fût établi l'année 1552 à Bordeaux, à Dax, à Bazas, à Périgueux, à Agen, à Condom et à Bergerac. Ils furent unis aux sièges des Sénéchaux de tous ces endroits. Celui de Bergerac fut supprimé et l'on en a du depuis établi à Nérac, à Sarlat et une autre à Libourne, l'an 1639.

. . . .

Les apellations des cas ordinaires des Duchés qui ont été érigés dans le ressort du Parlement, sont portées au Parlement, et les cas Royaux aux sièges des Sénéchaux où les terres sont scituées.

Les Duchés d'Aiguillon, de Duras et de Lauzun sont de celui d'Agen.

. . . .

On sait ce qu'étaient les Cours des Aides, elles furent crées par le roi Jean pour faciliter la levée de l'impôt et par suite furent toujours peu populaires. Les parlements mêmes virent dans leurs attributions une atteinte à leur autorité et ne furent pas accusés sans raison d'avoir maintes fois contribué aux soulèvements provoqués par cette juridiction.

On va en voir un exemple frappant dans ce que rapporte l'auteur du mémoire de la création d'une Cour des Aides établie à Agen par le Roi Henri II.[2]

---

[1] Sur ces questions litigieuses comme aussi sur les questions domaniales et autres que souleva l'échange de Sedan et Raucour avec l'Albret, on trouvera de curieux détails inédits dans les papiers de la famille princière de Bouillon conservés aux *Archives nationales* : (boîtes 32-33-36-2-126-181.)

[2] L'Édit de création porte que la Cour des Aides est établie à Agen pour juger de toutes matières provenant et dépendant du fait des Aides, tailles, taxations, gabelles, quart et demi-quart, équivalent, quatrième, huitième, dixième, impôt, domaine forain et traites foraines, solde de gens de guerre, emprunt, décimes, octrois, contributions au ban et arrière-ban, impositions,

« En l'année 1629 le Roy Louis XIII créa de nouveau par édit du mois de décembre de ladits année une Cour des Aides qui fût d'abord · établie dans la ville d'Agen composée de quatre Présidens dont l'un avoit la qualité de premier Président, de vingt Conseillers Généraux des Aides, de deux Avocats, d'un Procureur Général, d'un Gréffier et d'un Controleur du Greffe héréditaire dont l'un tiendroit l'audience, de trois Receveurs et Payeurs des gages de cette Cour qui seroient aussi Receveurs des amendes, de trois Controleurs des Payeurs, d'un Greffier garde-sac, d'un Controleur des productions, de douze Procureurs postulants et un premier Huissier beuvetier, de cinq autres Huissiers et d'un Concierge héréditaire qui seroit aussi garde des prisons aux gages, savoir :

Pour le Premier Président de. . . . . . 4.000 fr.

Pour les trois autres Présidents de. . . . 3.000 » chacun.

Les vingt Conseillers Généraux de . . . . 1.500 » —

Le Procureur Général de. . . . . . . 2.000 »

Le Greffier et controleur de. . . . . . 500 » chacun.

Les trois Receveurs et Payeurs des gages de. 1.200 » —

Les trois Controleurs. . . . . 600 » —

Le premier Huissier beuvetier . . . . . 200 » —

Et les cinq autres Huissiers. . . . . . 50 » —

La finance des offices du Président fût pour lors de. . . . . 60.000 »

Celle des Conseillers . . . . 30.000 »

---

diférens des officiers des Aides à cause de leur administration, règlements de leurs offices, recettes, reliquats de comptes d'icelles, vérification des chartes, privilèges, dons, anoblissements et affranchissements et généralement de toutes matières provenant desdits Aides imposés ou à imposer de quelque noms qu'elles puissent être dites et nommées, tant en civilité qu'en criminalité. »

L'édit semble en outre si bien dirigé contre le Parlement de Bordeaux qu'il y est dit qu'on l'institue surtout pour hâter le paiement des impôts retardés par les *interminables procédures du Parlement de Bordeaux*, auquel il est fait inhibition et défense de toucher aux cas susdits exclusivement réservés à la Cour des Aides.

Le Roy nomma M. Martin de Laubardemont pour être premier Président et commit six Conseillers de la Cour des Aides de Paris pour l'installation de cette compagnie à Agen et pour exercer la justice jusqu'à ce que les charges nouvellement créées eussent été vendues.

L'ouverture de la Cour des Aides se fit le 28 juin 1630.

Le Parlement souffrit impatiamment cet établissement, il rendit un arrêt sur les réquisitions du Procureur général au mois de juillet 1630 qui fit défense à toute personne de reconnoitre la Cour des Aides à peine de 1,000 fr. d'amende, d'interdiction et de suspension des charges pour les officiers.[1] Cet arrêt fut cassé par un arrêt du Conseil qui ordonna l'exécution de l'édit de l'établissement de la Cour des Aides, et par un règlement qui fut fait qui portoit, entr'autres choses, des défenses au Parlement de connoître les affaires de la Cour des officiers des Aides et de leurs domestiques tant au civil qu'au criminel.

La Chambre de l'Édit[2] composée d'officiers du Parlement ayant été transférée de la ville de Bazas où elle tenoit lors sa séance dans celle d'Agen, fut une nouvelle semence de division entre la Cour des Aides et cette Chambre. Elles allèrent si loin que la Cour des Aides fut obligée de sortir d'Agen et d'aller exercer ses fonctions dans un village voisin. Quelques domestiques des officiers de la Cour des Aides avaient été maltraités, d'autres emprisonés. Sur ces contestations il intervint plusieurs arrêts du Conseil qui cassèrent tout ce qui avoit été fait par le Parlement. Un des Consuls d'Agen fut décrété par cet arrêt du Conseil avec un des domestiques du Président de la Chambre de l'Edit.

Tous ces arrêts du Conseil n'arrêtèrent pas le désordre. Le peuple, à ce que l'on prétend, se sentant autorisé par les officiers du Parlement, pilla les maisons des officiers de la Cour des Aides. Il y en eut

---

[1] C'était se mettre en guerre ouverte avec l'autorité royale.

[2] Chambre créée par Henri IV au lendemain de l'Edit de Nantes et composée de Conseillers au Parlement mi-partie catholiques, mi-partie protestants. Elle fut instituée à Nérac et y resta jusqu'au siège de cette ville qui se rendit en 1621 au duc de Mayenne. (Voir *Chronique de Pérès*.)

un qui fut brulé dans la sienne, ce qui obligea cette Compagnie ne se trouvant pas en sureté à Agen de se retirer au Port-Sainte-Marie jusqu'à ce qu'elle eut été transférée, par ordre du Roy, à Libourne où elle tint sa première séance le 10 janvier 1625.[1]

Elle fut ensuite transférée à Bordeaux en 1637. Le Roy confirma la Cour des Aides dans la juridiction qui lui avoit été atribuée et ordonna que, dans les assemblées particulières, les règlemens qui s'observent entre les officiers de Parlement et Cours des Aides de Paris et de Rouen soient observés entre le Parlement et la Cour des Aides de Bordeaux.

Les troubles qui commencèrent en 1648 dont il a été fait mention dans l'article du Parlement, lui donnèrent lieu de pouvoir se flater d'abolir entièrement la juridiction de la Cour des Aides ; il rendit un arrêt pour défendre à toute personne de s'y pourvoir et en rendit plusieurs autres sur les mêmes choses dont la connoissance étoit le plus particulièrement attribuée à la Cour des Aides, quoique plusieurs des arrêts du Parlement eussent été cassés par des arrêts du Conseil. Le Parlement ne voulût pas même souffrir que la Cour des Aides assistât à une procession où elle avoit coutume d'assister et fit repousser les officiers de la Cour des Aides par une populace armée.

---

[1] On lit dans l'histoire de la vie du duc d'Espernon écrite par son secrétaire Girard à l'occasion de ces toubles :

« Entre tous les grands excès, ceux qui furent commis à Agen allèrent dans les plus grandes extrémités. La Cour des Aydes y estoit pour lors establie et ce fûst sur les officiers de cette Compagnie qu'on exerça les plus insignes violences. Tous ceux que le peuple put rencontrer furent misérablement bruslés et massacrés. Les eslus (commissaires répartiteurs de l'impôt) receurent un pareil traitement. Plusieurs honêtes bourgeois furent mis par leurs ennemis au nombre des gabeleurs et esprouvèrent la même rigueur. Et sans doute si le Président du Bernet qui se trouvoit à la teste de la Chambre de l'Edit ne se fûst opposé au torrent de la fureur publique avec plus de vigueur qu'on n'en devoit presqu'attendre d'une personne de sa profession, on ne croit pas qu'il fust resté un seul homme de condition dans cette pauvre ville. » (*Histoire de la vie du duc d'Espernon*, 1 vol. in-4°, Paris, Courbé 1655, p. 527.)

Il ne faut pas oublier que l'apologiste du duc d'Espernon ne s'apitoie à ce point sur les officiers de la Cour des Aides qu'en raison de la haine qu'il nourrit, comme son maître, contre le Parlement de Bordeaux sur lequel il rejette toute la responsabilité des désordres.

Cela alla si loin que le Parlement nomma des Commissaires pour se saisir du Palais où la Cour des Aides tenoit sa séance et enlever les papiers du greffe.

La Cour des Aides oposoit à toutes ces violences des arrêts pour soutenir sa juridiction. Comme elle étoit toujours fort attachée au parti du Roy, cela ne produisit d'autre effet que le pillage de leurs maisons et de leurs biens et de voir bruler leurs arrêts dans la place publique de Bordeaux en conséquence des arrêts du Parlement.

Le Roy, pour les mettre à l'abri de pareilles violences, transféra la Cour des Aides une seconde fois à Agen où elle tint sa première séance le 18 février 1650.

La Cour des Aides ne fut pas plus tranquille à Agen qu'elle l'avoit été à Bordeaux. Le Présidial d'Agen, soit lui-même, soit qu'il fût inspiré par le Parlement lui disputa la préséance. Il y eut des atroupements contre cette Compagnie et le Roy fût obligé, pour en prévenir les suittes, de la transférer à Libourne. »

De Libourne, la Cour des Aides revint à Bordeaux en 1659 pour être à nouveau renvoyée à Libourne en 1675 et enfin définitivement rétablie à Bordeaux en 1690. Elle y vécut dès lors côté à côté avec le Parlement, mais toujours en contestation et en procès. Son ressort s'étendait sur les six Elections de la Généralité.

Le prix des charges de la Cour des Aides avoit été fixé en **1665** par un édit du Roi. Elles valaient :

Celles de Premier Président.....	120.000 livres.
Celles des Présidents...........	50.000
Celles des Conseillers...	24.000
Celles des Avocats Généraux......	32.000
Celle de Procureur Général.......	45.000

Le chapitre IV s'achève par un dispositif sur les Trésoriers de France, les plus anciens officiers de la couronne. Nous y relevons que, sous François Ier, Agen était une des seize Recettes Générales du Royaume et avait sous sa dépendance financière le pays de Gascogne , le Quercy, le Rouergue, le Périgord, l'Agenois, le Condomois, les Lannes, le Nébouzan, Marsan, Labour, Soule et Bigorre, avec les quatre vallées d'Aure, Nestes, Barouze et Magnoac.

. En 1715, il y avait beau temps déjà qu'il ne restait plus rien de cette institution des Recettes Générales, mais l'organisation nouvelle n'intéresse en rien notre région.

CHAPITRE V.

Qui contient les finances que le Roy retire de cette Généralité et la manière dont Sa Majesté les retire.

Il ne faudrait rien moins que la reproduction *in-extenso* de ce chapitre pour nous donner une idée précise du système d'impositions directes et indirectes qui, sous la Monarchie absolue, était appliqué par les Intendants. La levée des impôts, c'était, en effet, leur grande attribution et comme leur raison d'être. « Des matières concernant les finances, les unes sont sous la juridiction directe et immédiate de l'Intendant ; toutes les autres sont soumises à sa juridiction » dit la Commission scellée du sceau royal qui leur confère leurs pouvoirs. Ces pouvoirs se résument en trois mots : *justice, police, finances* qui englobent l'administration tout entière, mais les Finances priment tout. La question d'argent est la grande dominante de cet Ancien Régime où l'on croyait déroger en travaillant ; où, pour un emploi mal rétribué à la Cour ou pour une maigre charge d'État, on laissait improductifs des fonds de terre considérables sur lesquels on empruntait autant qu'on le pouvait, mais que la vanité interdisait de vendre. Le Roi donnait l'exemple qu'on suivait à l'envi. Et cependant il fallait sauver le prestige du trône en entretenant une Cour aussi luxueuse qu'oisive.[1] Pour ce faire, on s'ingéniait à créer des taxes nouvelles, à pressurer encore le peuple des campagnes qui mourait de faim, décroissait à vue d'œil [2] et ne se révoltait jamais,—

---

[1] Pour entrer à la Cour des Aides, il falloit faire profession de bon catholique et en témoigner par un certificat du curé attestant « qu'ils avoient fait leur confession et communion paschale. »

Les Présidents avaient la robe de velours et les Conseillers la robe noire avec le bonnet carré. Comme les membres de cette Cour négligeaient leur mise, un édit du roi leur rappela qu'ils devaient porter leurs robes fermées au Palais, où quelques-uns étaient venus en habit gris avec l'épée. « Dans les lieux particuliers, ils pourront porter des habits noirs avec des manteaux et collets, » mais on les invite « à se dispenser d'aller dans les lieux où ils ne peuvent être vus sans diminution de dignité. »

[2] Dans le Mémoire de l'Élection de Provins, sur la question de savoir à quoi tenait la diminution de population qui était *ici d'un quart, là d'un tiers, ailleurs même de la moitié*, l'auteur répond que les causes en sont : « la guerre, la mortalité provenant des disettes, la cherté des vivres, les impo-

on l'a vu au cours de l'histoire du Parlement de Bordeaux , — qu'à l'occasion des impôts sous lesquels on ne cessait de l'écraser.

Les intendants avaient soumis la levée des impôts à une méthode scientifique dont il est facile de retrouver les principaux ressorts dans notre administration financière actuelle. Leur système, il est vrai, supprimait le bon plaisir et affectait même une sorte d'égalité en s'étendant à toutes les classes sociales. On prenait partout où l'on pouvait prendre, mais le peuple n'y gagnait rien et d'ailleurs si le filet jeté sur la fortune publique, couvre la société tout entière, les privilégiés de la noblesse et du clergé n'en passent pas moins à travers les mailles. « Les Seigneurs et les gentilshommes cherchent par toutes sortes de moyens d'exempter leurs fermiers, en supposant tenir de leurs mains ce qu'ils ont affermé, » et ils arrivent à tromper les collecteurs.[1] L'intendant s'en plaint, il proteste contre ces exemptions, et c'est là dessus que certains apologistes se sont fondés, pour voir en eux les initiateurs du principe de l'égalité devant la loi. Pure illusion ! Si l'Intendant proteste parfois contre les nobles, qui éludent la loi, il ne cesse de s'indigner contre les Elus de l'impôt dans les paroisses, ces modestes officiers répartiteurs qui seuls pouvaient lui donner des indications précises. Loin de respecter leurs avis motivés, il les accuse de tous les crimes. « Leurs appréciations sont fausses, contraires à l'équité, ils ne tendent qu'à favoriser les paroisses qu'ils protègent et obligent l'Intendant *à ne consulter que ceux qui ont acquis sa confiance.* » Or, il ne faut pas oublier qu'ils sont maîtres absolus et, en matière de contribution, *décident souverainement.* En somme, et en cela je rentre dans mon sujet, les Intendants mécontentent tout le monde. La noblesse et le clergé voient de fort mauvais œil leurs prétendues tendances au nivèlement que flétrît M. de Boulainvilliers en l'appelant « la honte d'une dégradation continuelle ; » le peuple les exècre autant qu'il les redoute, et la Monarchie qu'ils mènent à sa perte n'a pas même le bénéfice de leurs agissements. Pour un Turgot intendant de Limoges qui fait servir ses fonctions à l'application de ses théories philantropiques, combien de Bazins de Bezons et de Lamoignon !

---

sitions extraordinaires, la surcharge des logements militaires, l'émigration des Huguenots. » C'est sans doute pour ne pas faire de tels aveux sur la Généralité de Bordeaux que M. de Lamoignon déclare n'avoir pu procéder à un dénombrement qu'on assimilait, dit-il, à *l'établissement d'une nouvelle taxe.* Voir l'*Etat de la France* (Paris, Guillain, 1693), et voir aussi *les Origine de la France contemporaine* (*Ancien Régime*), de M. Taine.

[1] La vicomté de Turenne était exempte de tout impôt. D'autres Seigneuries avaient les mêmes privilèges. A la noblesse il convient d'ajouter « plusieurs particuliers qui prétendent avoir des biens nobles dont ils seraient bien embarrassés de produire les titres. »

« Nous ne pouvons, pour justifier les doléances des députés de l'Agenois, instruire à nouveau un procès qui est commun à toute la
France, et le système financier de l'Ancien régime et trop connu
pour que nous nous attardions à des redites.

Avant de passer cependant à ce qui touche particulièrement à notre région et pour le bien faire comprendre, il nous suffira de répéter que l'omnipotence financière de l'Intendant s'étendait à tous les
impôts : à la taille,[1] à la capitation,[2] au dixième,[3] à l'ustensile,[4] au
droit de fourrage, aux milices, tous droits qui, dans la Généralité de
Bordeaux, ne s'élevèrent pas à moins de 6,330,000 fr. pendant la
guerre, et cela sans compter la Régie ou Ferme des Domaines, les
Mutations, les Droits d'héritage, le Petit Scel, le Centième denier et
la Comtablie,[5] le Convoy,[6] le Courtage,[7] et les Péages de ponts et de

---

[1] Taille de *tollere* lever, prendre, d'où maltôte, de *male tollere*, mal lever.
Les collections de l'impôt, depuis le trésorier de France jusqu'au porteur
de contraintes, étaient traités de *maltôtiers*.

[2] La capitation, impôt personnel fixe. La noblesse y était soumise mais
il y avait pour elle des rôles particuliers signés par un gentilhomme.

[3] le Dixième imposé en 17(5, équivalait à 2 sous pour livre de la taille et
de la Capitation.

[4] L'ustensile était une imposition militaire variable selon les besoins des
temps. Il répondait au droit des troupes *au lit, au pot, au feu et à la chan-
delle*. On y substitua plus tard le droit d'étape qui était toujours à la charge
des communes. Les droits étaient ainsi répartis :

Taille	2.800.000
Capitation.	1.100.000
Dixième	1.200.000
Ustancile	700.000
Fourrage d'hiver et d'été.	430.000
Milices.	100.000
	6.330.000

[5] Le droit de *Comtablie* est le droit d'entrée et de sortie sur les marchandises. Il était à Bordeaux de 3 et demi pour cent d'entrée pour les Français, six pour l'étranger ; 2 et demi pour cent de sortie pour les Français,
5 pour cent pour l'étranger. Ces droits variaient selon les localités.

[6] Le droit de Convoy était prélevé à l'entrée sur divers produits comme
la prune, le miel, le sel, les drogueries et épiceries. A la sortie, il n'était
du que sur le vin.

[7] le droit de Courtage était de un pour cent, tant à l'entrée qu'à la sortie
de toutes les marchandises. Le vin, l'eau-de-vie, le vinaigre, les prunes
payaient 30 sous par tonneau.

barrières, les Droits de monéage, ceux des échats[1] du pied fourché[2], les dons de Joyaux avènement, etc., etc. et la Dîme du Clergé.

Tous ces droits paraissaient d'autant plus lourds au pauvre peuple taillable et corvéable à merci qu'on ne lui rendait rien pour tout ce qu'il donnait. L'instruction publique, l'industrie, le commerce, les travaux publics, la sûreté générale dont l'Etat avait la direction étaient plus que négligés. Les routes étaient rares, mal entretenues, peu sures, et l'administration par ses rigueurs autoritaires paralysait tout élan d'initiative privée. Mis dans l'impossibilité de posséder, le paysan ne peinait que pour sa nourriture ; il vivait au jour le jour, mangeant quand il le pouvait, se serrant le ventre ou broutant l'herbe pendant les disettes si communes en ces tristes temps. Il croupissait dans la crasse et l'ignorance, ne daignant même pas se défendre contre la maladie qui décimait les campagnes.[3] Qu'eut-il gagné à avoir de la prévoyance ? Il aurait attiré l'attention sur lui et il savait bien que le Pouvoir royal ne se souvenait qu'il y avait un peuple en France que pour le tondre de plus près.

Les Intendants eux-mêmes déplorent cette misère qui oppose à leur avidité son invincible force d'inertie. Ils reconnaissent qu'il y aurait de grandes réformes à apporter ;[4] ils déclarent que la répar-

---

[1] Le droit des *échats* était de six pots par barrique de vin vendue au détail.

[2] Le pied fourché se prélevait sur le bétail consommé en ville.

[3] Nous ne saurions mieux faire, pour justifier ces appréciations, que de renvoyer le lecteur au *Voyage en France* de Young, et au volume des *Origines de la France contemporaine* de M. Taine consacré à l'Ancien Régime.

[4] Quelques Intendants avaient même, il faut le reconnaître, le courage de leurs opinions. Ainsi, M. Begon, l'Intendant de La Rochelle, prêche hardiment en faveur de réformes qui, dit-il, « doivent porter : 1° Sur l'inaction des curés, gens ignorans, intéressés, sordidement avares, chicaneurs et dépouillés de la charité essentielle à leur ministère ; 2° sur la facilité du Parlement de Bordeaux a recevoir les apellations comme d'abus qui lie les mains aux Evèques et leur oste les moyens de corriger les mœurs du clergé ; 3° sur la fainéantise et le déréglement des moines et d'une multitude de petits couvents dont les revenus seroient mieux appliqués au soulagement des pauvres ; 4° sur la mauvaise administration des Justices Seigneuriales ; 5° sur l'usurpation des nobles sur les vassaux qui relèvent d'eux ; 6° sur la rigueur des lois qui régissent la chasse. » Le mal dont se plaint M. de Bégon s'étend à la France entière, mais seul il ose le crier bien haut. Il faut lui en savoir gré. Quand on lui demande comment, en 20 ans, la population de sa Généralité s'est amoindrie d'un tiers, c'est encore lui qui

tition de l'impôt est injuste, inégale, et par suite, — c'est la surtout ce qui les touche — ne rend pas ce qu'elle pourrait donner. Oui, mais que faire, s'écrie M. de Lamoignon, contre la routine compliquée, d'aveuglement ? « L'habitude est telle que si on rendait la répartition plus juste, les populations se croiroient trompées, alors même qu'on leur demanderoit beaucoup moins qu'on ne leur demande. » Quel aveu du peu de confiance inspirée par les officiers du Roi !

On n'a vraiment pas idée d'un tel état de choses et c'est pourtant de cet abominable système qu'avec les meilleurs intentions du monde, Louis XVI disait : « L'administration des pays d'Etat, à quelques exceptions près, le régime des Intendants, à quelques abus près, est ce qu'il y a de mieux dans mon royaume. »

Pauvre Roi ! Malheureuse France ! Et maintenant, nous laissons la parole à M. de Lamoignon pour ce qui, en matière de contributions, intéresse plus spécialement les lecteurs de la *Revue de l'Agenais*.

« La taille s'impose diféramment dans les six Elections de la Généralité de Bordeaux. Dans les Elections d'Agen, Condom et les Lannes, la taille est réelle et ne s'impose qu'en proportion des fonds qu'on possède. Personne n'est exempt de la payer, il n'y a que les biens nobles qui en soient exempts ; il faut même avoir un titre pour justifier de la nobilité des fonds. La plupart de ses titres sont des concessions des Roys ou des consentemens des paroisses que des Seigneurs acrédités dans le pays se sont fait donner.

L'Election des Lannes est un peu différente en ce que l'imposition se fait non seulement par raport au fond, mais encore par raport à l'industrie, de sorte qu'un particulier, quoiqu'il n'ait pas de fond, ne laisse pas que de suporter sa part des impositions. Cette distinction n'est fondée que sur un très ancien usage qui, selon les apparences, n'a été introduit que par ce que le pays des Lannes étant très mauvais et très inculte, les fondz n'auroient point suffi pour supporter les tailles.[1]

---

en accuse « la guerre, l'extrème pauvreté et misère des paysans qui meurent avant l'âge, l'évasion des Religionnaires, l'impossibilité pour ceux qui restent de se marier, le libertinage de ceux qui restent de propos délibéré dans le célibat. » Quel mauvais courtisan devait faire l'Intendant de La Rochelle !

[1] Où il n'y a rien, le Roy ne perd pas ses droits. On verra plus loin, quand le Mémoire décrira les Landes d'Albret, quelle sorte d'industrie pouvaient bien exercer leurs habitants.

Il y eut, vers la fin du xvie siècle, un grand procès à la Cour des Aides de Paris entre les ecclésiastiques, les nobles et les députés du tiers état du pays d'Agenois pour scavoir si les tailles étoient réelles dans cette Election. Elles furent déclarées réelles par l'arrêt du 18 août 1601.

Il fut fait un arpentement général de cette Election et un département de taille en conséquence de cet arrêt. Plusieurs communautez s'y rendirent oposantes et il y eut encore plusieurs arrests rendus par la Cour des Aides de Paris. Ce procès fût enfin terminé par une sentence arbitralle rendue le 11 juin 1614 par M. le Duc de Roquelaure, quatre conseilliers au Parlement de Bordeaux auquel la Cour des Aides avait été jointe, deux Trésoriers de France et deux Avocats. Par cette sentence, il est dit que les tailles de cette Election seront départies sur un pied de 40,000 fr. dont chacune des villes, juridictions et communautez doit suporter sa part contingente qui fut réglée par la même sentence, et que toutes les impositions ordinaires et extraordinaires seroient assises et réglées doresnavant à la même proportion. Cette sentence fût omologuée au Conseil l'an 1621 et a toujours été exécutée.

Le Roy ayant fait un règlement le 15 juillet 1668 pour la confection et réformation des tarifs, impositions et levées de deniers royaux et municipaux dans les trois Elections d'Agen, Condom et les Lannes, ce règlement ne changea rien dans la manière de faire l'imposition dans l'Election d'Agen dont nous venons de parler. Il n'en fût pas de même dans l'Election de Condom.

M. de Sève pour lors Intendant dans cette Généralité et M. de Baritot, Avocat Général en la Cour des Aides, qui avoient été commis par deux divers arrests du Conseil de l'année 1671 pour faire l'arpentement général et l'abonnement des Elections d'Agen, Condom et les Lannes travaillèrent à l'arpentement de l'Election de Condon en 1673 et 1674. Ils connurent de la nobilité des fonds, jugèrent de la validité des terres, abonnèrent quelques communautez et réglèrent sur combien d'arpens ruraux les impositions devoient être faites dans chaque communautez. Ce règlement est mis au bas du mandement que l'on envoye dans chaque parroisse et a servi depuis de règle pour les impositions qui se sont faites.

On n'a point fait d'arpentement ni d'abonnement dans l'Election des Lannes. Peut être que la quantité des Landes et des terres incultes qu'il y a dans cette Election n'a pas permis qu'on pût faire un pied fixe par arpent. Les impositions qui se font sur cette Election si partagent sur un ancien pied que les paroisses ont entre elles.

Il seroit à souhaiter que l'on put scavoir d'ou vient que, dans trois Elections, la taille est réelle et que, dans autres, elle est personnelle. J'ai cherché inutilement à le découvrir et je n'en ai pu trouver aucune raison plausible. Le règlement de 1668 est la loi que l'on suit dans toutes les contestations qu'il peut y avoir sur la répartition de la taille. »

Nous ne saurions mieux terminer le résumé de ce chapitre qu'en donnant le total des impositions de la Généralité de Bordeaux en 1715. Il était de 13,890,602 livres.

« Le commerce de Bayonne est fort au-dessus de celui de Bordeaux. Les négocians y sont plus hardis et plus entreprenants ils ne songent qu'à travailler »

CHAPITRE VI.

Commerce de la Généralité de Bordeaux.

L'Agenois n'était pas un pays de commerce et l'industrie y était vue de fort mauvais œil, s'il faut en croire M. l'Intendant. Un seul fait cité par lui va nous le prouver :

« Depuis deux ou trois ans, un particulier,[1] s'est avisé de faire travailler à Agen à des étoffes de poil de chèvre et à faire des espèces de camelots dont il débite beaucoup, surtout en Espagne, et il emploie déjà plus de quatre cents ouvriers. Cet établissement pourroit devenir plus considérable s'il était aidé, mais personne du pays n'y voudra entrer.[2] La principale raison vient du génie du pays. La vivacité naturelle ne permet pas de penser à l'avenir ni de réfléchir sur ce qui se passe ailleurs. »

Par *ailleurs*, M. de Lamoignon n'entend pas Bordeaux qui ne vaut pas mieux qu'Agen, mais Bayonne dont les négocians sont supéreurs à ceux de Bordeaux. Ecoutez plutôt :

---

[1] Il serait curieux de savoir son nom.

[2] A Bordeaux on avait établi aussi une fabrique de faïence dont on exportait les produits aux Iles et qui commençait à approvisionner l'intérieur du Royaume ; mais, dit l'intendant, « au lieu de la perfectionner, on songe à la détruire et la plupart des gens s'imaginent que cela fait renchérir le bois. On a plusieurs fois proposé de deffendre d'y travailler. » Comment s'imaginer que, dans un pays où le bois de pin est en si grande abondance, on ait pu concevoir la crainte de le faire renchérir, alors surtout que, pour

« Le commerce de Bayonne est fort au-dessus de celui de Bordeaux. Les négocians y sont plus hardis et plus entreprenans ; ils ne songent qu'à y travailler et comme ils sont regardés comme les principaux et les plus distingués de la ville, ils n'ont pas d'ambition de devenir autre chose et le commerce se perpétue de père en fils. C'est ce qui rend les négocians aussi riches qu'ils le sont et ce qui fait que leur fortune est bien plus considérable que celle des négocians de Bordeaux. »

A Bordeaux, naturellement, c'est tout le contraire :

« Les négocians de Bordeaux ne veulent faire qu'un commerce

---

la faïence, nos pays étaient tributaires de la Hollande et de Rouen dont, au *Tableau des marchandises en retour*, les produits céramiques sont classés sous le nom de *Poterie ?* C'est ainsi que s'explique le grand nombre de services de Delft et de Rouen qu'on a trouvé dans nos pays. Les fabriques, dites du Midi, de Moustier, de Marseille, de Montauban, de Montpellier, de Martes-Talosane, d'Auvillars, etc., sont postérieures. — Dans le *Mémoire manuscrit de Henri Delan concernant la ville de Bordeaux*, écrit en 1735, on lit : « La manufacture royale de fayence étoit située entre les Chartrons et le faubourg Saint-Sernin, derrière le Château-Trompette. Elle est entretenue par le sieur Hustin qui fait des plats et des pots qui vont au feu et se soutiennent aussi bien que ceux de Rouen. Il tire ses terres des environs de Bordeaux, et du coté de Langon et du Mas d'Agennois. Il y a quinze fours qui vont continuellement, tant pour les plats, les assiettes, les jattes et toutes sortes d'ouvrages qui se font en ce genre. Il y a huit peintres en émail qui travaillent toujours pour la cuison de ses terres. La consommation se fait en partie dans la ville, l'autre dans la province et envoye à l'étranger comme l'Angleterre et l'Espagne. On trouve dans les magazins tout ce qu'on peut souhaiter en cette sorte de marchandises, et cela pas plus cher que dans les autres fayenceries. » Les fayences de l'étranger étaient frappées d'une taxe élevée à leur entrée. *La fayence ou porcelaine fine de Hollande* (?) tant comme les porcelaines fines des Indes et de la Chine, étaient taxées à 300 fr. le quintal, quand la fayence commune de Hollande payait 40 fr. le quintal, et le même poids en fayences du Royaume 15 et 10 fr. C'est dans ce même tarif qu'on trouve les *petits tableaux d'Holande*, ceux dont les magots de Téniers, ou de Van-Ostave offusquaient les yeux de Louis XIV, taxés *comme mercerie*, à 10 livres par quintal ou 6 livres la douzaine.

« Les tableaux de France et autres sont taxés *ad valorem*. »

dont ils retirent pour ainsi dire les profits dans le moment; ils ne veulent pas perdre de veüe leurs fondz, et si on leur propose des entreprises considérables mais pour lesquelles il faut faire des avances et attendre quelque temps d'en pouvoir proffiter, leur esprit leur forge d'abord des dificultés qui leur paroissent insurmontables parce qu'ils ne veulent pas se donner la peine d'y penser. Le même esprit les fait toujours oposer à toutes les entreprises qu'un étranger voudroit faire. C'est assez que ce soit quelque chose de nouveau pour qu'ils cherchent à le traverser ou du moins pour que celui qui voudroit faire un établissement manque de crédit. On traite toutes les nouveautés de visions sans scavoir de quoi il s'agit, et on croirait être encor plus visionaire si on avoit confiance en lui. Pour peu de dificulté qu'il arrive dans l'exécution d'un projet on le croit échoué et le crédit de celui qui auroit voulu faire un établissement tombe d'abord. Je crois que c'est ce qui a le plus éloigné les étrangers de venir établir des manufactures considérables dans ce pays. »

Bordeaux, on le voit, n'a rien à envier à Agen. Le même mépris de l'industrie sévit sur tous les bords de la Garonne.

On s'en tient, ici comme là, en matière commerciale, aux marchandises du pays : aux vins, aux eaux-de-vie et au tabac. Ce trafic de produits agricoles s'étendant à tout le Languedoc et englobant les Elections d'Agen et de Condom, il nous a paru intéressant d'en donner un aperçu, ne fût-ce qu'à titre de comparaison avec l'état actuel qui, sur bien des points similaires, n'a guère changé.

« L'unique commerce étant celui des vins et des eaux de-vie, il dépend de la récolte qui se fait. Quand les vendanges ne sont pas bonnes ou que les vins sont mauvais, le commerce tombe entièrement. La moindre dificulté arrête les négocians et leur ôte toute espérance. Dès que les vins ne sont pas enlevés au mois d'octobre ou au mois de mars, ils les comptent perdus et ne songent qu'à les faire brûler et les convertir en eau-de-vie. Il est même à craindre que ce commerce ne tombe bientôt par le prix excessif que l'on demande des vins qui rebute les étrangers. Presque toutes les vignes ayant été gelées par l'hiver de 1709, les vins des années précédentes ou ceux qui furent faits furent vendus fort cher. Quoique les vignes se soient rétablies depuis, les particuliers ont toujours cru que les vins se devoient vendre sur le même pied qu'en 1709. Ils ont mieux aimé ne les pas vendre que d'en diminuer le prix dans la fausse idée de soutenir la réputation de leurs crus et que l'étranger ne s'en pouvoit passer. L'expérience de trois années dans lesquelles il est resté beaucoup de vin n'a pu les corriger et cela a engagé les Holandois d'en aller chercher en Languedoc. S'ils s'accommodent des vins de cette province, comme il paroit qu'ils font, ils en viendront beaucoup moins chercher dans ce pays-ci.[1]

. . . .

Toute l'habileté d'un négociant de Bordeaux est de se faire connoitre dans les pays étrangers pour avoir des commissions. Dès qu'ils en ont receu, ils vont chercher, dans les endroits où il y a des vins, de la qualité qu'on leur demande, les chargent et les envoyent et n'ont d'autre proffit que le droit de commission qui est de deux pour cent. Quelques uns mais en petite quantité se hazardent d'acheter pour leur compte des vins et des eaux-de-vie dans l'espérance de les vendre plus cher, mais comme ils sont souvent trompés, il y en a peu qui osent s'en charger. Ce ne sont ordinairement que les jeunes gens qui n'ayant rien à perdre, hazardent quelque chose et c'est ce qui est en partie cause des banqueroutes fréquentes que l'on void arriver et qui ont fort décrié les négocians de Bordeaux.

Il y en a ainsi fort peu qui soient riches. Dès qu'un négociant a gagné cent mil écus, il ne songe qu'à quitter le commerce, à se faire secrétaire du Roy ou à donner quelque charge à ses enfants. »

. . . .

Et voilà comment, conclut le mémoire, « il n'y a pas de plus mauvaise place de commerce que celle de Bordeaux.

M. de Lamoignon se rejette en conséquence sur Bayonne et sur les Basques dont il exalte le courage et le beau caractère. Il se complait à décrire les divers trafics de ce pays :[2] morues, sardines, hui-

---

[1] L'intendant est l'ennemi des vignes. Il s'étonne qu'on s'entête dans cette routine agricole et conseille d'autres cultures. Le motif est aussi simple qu'intéressé. Les vignes étaient exemptes de la taille, au moins pour les habitants de Bordeaux, et certes il n'en fallait pas davantage pour provoquer ses protestations. Si les impositions ne sont pas plus fortes pour l'élection de Bordeaux, cela vient, dit-il, « d'un privilège royal qu'ont les habitants de Bordeaux de faire valoir autant de vignes qu'ils voudront sans payer de tailles. Ainsi, tous les biens sont possédés par des exempts, par la facilité qu'on a pour donner des lettres de bourgeoisie. C'est aussi ce qui a fait qu'on a mieux aimé planter des vignes que de laisser produire à la terre d'autres fruits pour lesquels on n'auroit pas eu le même privilège. » Ce n'est pas à l'intendant que l'avenir a donné raison.

[2] « La pesche de la baleine dans le Groenland et en Island doit son origine et son lustre au courage et à la hardiesse des Basques qui, les premiers,

les, laines, « marchandises d'argent et piastres espagnoles dont le commerce est d'un si grand proffit pour l'Etat [1] » et enfin le chapitre se termine par ce passage sur le commerce des tabacs. le seul qui intéresse directement notre région et qu'à ce titre nous reproduisons textuellement :

« Quoique le commerce du tabac ne soit pas un commerce général pour toute la province et qu'il ne se fasse que du côté de Clairac et de Tonneins dans l'Agenois, sur les bords de la Garonne, cependant on doit le regarder comme un des plus considérables puisqu'il s'y envoye, tous les ans où la récolte est bonne, pour près de quatre millions de tabac en Languedoc où à Marseille d'où ensuite il est porté à Gênes et dans toute l'Italie.[2] Tout le commerce du tabac n'est que du tabac en corde pour raper, et il n'est presque pas de tabac propre à fumer.

---

osèrent pénétrer dans les mers glaciales et attaquer la baleine. » Ce sont eux qui, enchérissant encore sur les Anglais et les Hollandais venus après eux, « trouvèrent le moyen de fondre à flot le lard des baleines. » Quoique ce commerce soit négligé depuis quelques temps, ajoute le Mémoire, « on équipe encore à Saint-Jean de Luz et à Ciboure, huit ou dix vaisseaux par an pour cette pêche. » Quant à la pêche à la morue, soixante-dix vaisseaux partent tous les ans de ces ports pour les bancs de Terre-Neuve.

[1] On échangeoit de l'argent espagnol d'un poids supérieur contre la monnaie courante en bénéficiant de la différence.

[2] Ce commerce eut été bien plus lucratif encore sans la contrebande et les falsifications. Les lois contre les *faux-tabatiers* étaient cependant très sévères. On condamnait au carcan, à la flétrissure et aux galères pour neuf ans *ceux qui débitent en public de la poudre de tourbe ou de tan pour du tabac.* Ceux qui faisaient la contrebande en transportant ou en vendant le tabac au détriment de la Ferme ne sont pas plus épargnés, et cependant tout le monde s'en mêle. Les cavaliers, dragons et soldats servant de pourvoyeurs, le Roy doit rendre une ordonnance le 30 septembre 1712 pour arrêter cet abus. Elle défend aux troupes le commerce du faux tabac *sous peine de mort, sans rémission.* Il y a plus. Dans les maisons royales, les hôtels et les maisons des princes du sang, au château de Versailles même, on se livrait à une contrebande effrénée. Le Roy est encore obligé de sévir et de donner droit de visite aux commis de la Ferme des Tabacs dans toutes les résidences royales. (Ordonnance de 1762.)

Rapportons maintenant un fait qui s'est passé chez nous, dans la juridiction de Gontaud :

En 1712, un voiturier nommé Espagnet est accusé d'avoir transporté du tabac en fraude chez la veuve de Pierre Blaise, tisserand du village de

D'abord il étoit libre à tout le monde de cultiver du tabac, mais comme on en semoit une trop grande quantité, le Roy, par un arrêt du Conseil de Février 1674, donna des bornes à cette culture qui fût permise aux seules paroisses de Clairac, Tonneins, Eguillon, Damazan, Monhurt, Puch, Gontaud, Villeton, Le Mas d'Agenois, La Gruère, Feuillet, Grateloup, Laprade, Lafitte, Caumont et Verteuil. Cet arrêt fut confirmé par un autre du 14 mars 1676 et depuis par l'ordonnance du tabac du mois de juillet 1681 qui règle la conduite qui doit être observée par les cultivateurs et fabriquants.

Il est assez dificile de faire venir cette plante ; elle se sème d'abord sur des couches dans le mois de mars et se transplante ensuite dans les mois de juin et de juillet. La récolte s'en fait tout le mois d'aout.

Il ne faut au tabac ni trop de sécheresse ni trop d'humidité. Les brouillards le gatent.

Lorsque le tabac est cueilli, on pend les feuilles éloignées les unes des autres dans des granges. Dans le temps de la pente, trop de sécheresse le gate et trop d'humidité le pourit. Il seroit inutile d'entrer dans tout le détail du travail qu'il faut pour le mètre en état d'être vendu ; il sufit de dire qu'on employe, pendant deux mois de l'année, plus de quinze mil personnes pour cette fabrique et que tout le monde peut y travailler jusqu'aux enfants de six ans.

Ricau, juridiction de Gontaud. Les commis de la ferme se présentent pour constater le délit. Ils ne sont pas reçus ; les voisins s'émeuvent, se rassemblent, il s'en suit une rixe où les commis sont maltraités. Un procès s'instruit devant la Cour des Aides de Bordeaux qui fait arrêter les délinquants. On les juge et l'arrêt ordonne que « la veuve Blaise sera conduite dans la place publique de Gontaud, jour et heure du marché, où, étant nue jusqu'à la ceinture, y sera battue de douze coups de verges sur les épaules par l'exécuteur de la haute justice, condamne tant ladite veuve Blaise que ledit Espagnet, le fils aîné de Régnaud dit la Besasse, la Besasse père, et Damné, dit le Breton, au bannissement hors du royaume pendant cinq ans, avec défenses d'y habiter ou fréquenter à peine de la hart. Les condamne tous solidairement à mille livres d'amende et 500 fr. de dommages-intérêts au profit de Michaut fermier du tabac ; relaxe Soubran et ordonne d'instruire plus amplement contre Pierre Bouchet, métayer de Berguin, Jean Daspe, laboureur, fils de Pierre Daspe, tailleur, François Chirol, Raymond du Portail et autres accusés. »

Il se fait de quatre espèces différentes de tabac :

Du prinfilé ;

Du sans côtes pressé ;

De l'exprès ;

Et du commun.

Ceux qui cultivent le tabac le vendent, année commune, 12 à 13 fr. le quintal à ceux qui le font fabriquer et qui le revendent fabriqué 26 ou 27 fr. Cependant le prix n'en est pas toujours égal, cela dépend de la quantité qu'il y en a au temps que la récolte a été faite et de la bonté des feuilles.

Les côtes et les débris de tabac, lorsqu'on les fabrique, ne sont pas inutiles ; on en fait du fumier qui sert à engraisser les terres ; les intéressés dans la ferme du tabac n'ont aucun privilège pour en avoir préférablement aux fabriquants. Il seroit même dangereux de leur en donner parce qu'ils ne manqueroient pas de choisir les meilleures feuilles ou celles du meilleur cru ; et ne laissant aux fabriquants que les moins bonnes, ils ne pourroient plus faire d'aussi bon tabac, ce qui les décrieroit dans les pays étrangers.

Toute l'attention des fermiers est d'empêcher que l'on ne verse du tabac dans la Province et de veiller que tout celui qui se fait soit envoyé dans les pays étrangers.[1]

Presque toute la consommation du tabac se fait en Italie par Gênes. »

Ainsi finit le chapitre VI et la première partie du Mémoire de M. de Lamoignon sur la Généralité de Bordeaux.

Nous allons passer maintenant à la seconde partie beaucoup moins étendue qui traite des différentes Elections soumises à la juridiction de l'Intendant en nous arrêtant seulement sur celles d'Agen, de Condom et des Lannes.

2ᵉ PARTIE.

Chapitre Iᵉʳ (Election de Bordeaux).

Nous n'aurions rien à ajouter à ce que nous avons dit au sujet de l'Election de Bordeaux au 1ᵉʳ chapitre de la première partie du Mé-

---

[1] « La ferme des tabacs peut produire net aux fermiers, environ 500.000 livres. »

moire, si nous ne tenions à donner, au sujet des vins de Bordeaux, quelques renseignements d'intérêt général.[1]

Et d'abord, il est bon qu'on sache combien déjà les Bordelais étaient jaloux de leurs vins. Ils redoutaient à tel point leur altération que les coupages étaient sévèrement interdits et que, sous peine d'une amende de mille livres, on n'avait même pas le droit de mettre dans le même chay, du vin de Languedoc[2] par exemple à côté du vin récolté dans la Sénéchaussée de Bordeaux. Bien plus, en ces temps où le libre échange était ignoré, un Bordelais ne pouvait, sans perdre ses droits de bourgeoisie et être frappé d'amende, acheter ou faire acheter pour son compte des vins en dehors du diocèse.[3] C'était l'âge d'or des gourmets. *Quantum mutatus !*

Retenons maintenant quelques curieux détails : « Bordeaux étoit scitué dans les Landes mais toutes les terres, à trois ou quatre lieues aux environs, ont été défrichées et presque toutes plantées en vignes. C'est dans ces vignobles que se recueillent les vins de grave qui sont les meilleurs et les plus chers de tout le pays et dont les étrangers s'acomodent le mieux. C'est pour cela qu'on a soin de le faire fort cuver pour qu'il puisse suporter la mer et qu'il y en a peu qui soit propre à être conservé sur les lieux parce qu'ils sont âpres et fort épais. On prétend que la mer corrige ces défauts. Cependant, il reste toujours fort épais, mais les étrangers et surtout les Anglais s'en acomodent fort. »

Quand au Médoc[4] dit M. de Lamoignon dont je résume les appréciations plus que discutables, il n'y a presque là que des vignobles dont les vins se vendent fort cher. « Les vins du Blayais sont à bas prix ; ceux de la partie de l'Entre-deux-Mers qui va jusqu'au bec d'Ambès sont fort chers et très recherchés. »

---

[1] L'Europe entière, pour les vins, était tributaire de Bordeaux. La Hollande y achetait, bon an mal an, cent mille tonneaux. Les Suédois, les Danois, les Hambourgeois, les Dantziquois, cent mille autres. L'Angleterre qui ne prenait que les grands crus, quinze mille tonneaux. Chaque année, en outre, deux cents vaisseaux chargés de vins partaient pour les Indes et l'Amérique.

[2] M. de Lamoignon dit pourtant ailleurs que le vin de Languedoc était fort apprécié et que les Hollandais commençaient à l'acheter, à l'égal des vins de Bordeaux.

[3] Il y avait cependant une exception en faveur des vins récoltés sur les bords de la Dordogne qui jouissaient du privilège d'être portés en tout temps à Bordeaux, et cela malgré les protestations des Bordelais qui, dit l'intendant : « Voyent avec peine qu'ils sont beaucoup plus recherchés que les leurs et vendus plus cher. » Est-ce possible ? Sans doute parle-t-on seulement des vins blancs de Bergerac qui étaient forts appréciés.

[4] L'air du Médoc était malsain, d'après M. de Lamoignon. Il ne parlera pas plus loin des fièvres paludéennes si connues du pays des Lannes, mais

En somme, d'après l'intendant qui, on l'aura déjà constaté, n'aime pas la culture de la vigne et qui était peut-être un buveur d'eau, chose assez commune en France, à cette époque où nos vins se vendaient presque tous à l'étranger, il n'y aurait eu, en 1715, dans la Sénéchaussé de Bordeaux, que « trois ou quatre vignobles de réputation dont les vins étaient très recherchés.[1] » Encore, ajoute-t-on, que « cela dépend du goût des étrangers qui change souvent, car les

---

il s'étend sur *la Médoquine*, « une grave maladie, sorte de fièvre lente et fort dangereuse que contractent les étrangers. » Il signale aussi, dans les vignobles au bord de la Garonne, « les espèces de pierre qui sont comme le cristal et qu'on taille en diamans. Elles se forment dans la terre avec les cailloux qui y sont. » C'est du quartz hyalin que le Mémoire parle de la sorte. M. de Lamoignon n'est pas plus fort en géologie qu'en administration et ce ne sont pas encore ces renseignements sur le Médoc qui nous consoleront de la perte de ce livre attribué à La Boëtie : *Historique description du Sauvage et Solitaire Médoc*, qui a échappé jusqu'ici à toutes les recherches.

[1] D'après le *Mémoire manuscrit d'Henri Delan concernant la ville de Bordeaux*, parmi ces grands vignobles, figuraient Margaux et Pontac-Haubrion dont les vins se vendaient de 1,200 à 2,000 livres le tonneau, lequel contenait 4 barriques 6 tierçons. C'étaient là les plus hauts prix. D'après le même manuscrit, les vins d'entre deux mers valaient 250 à 300 livres le tonneau ; les vins de Palus de 100 à 150 et les vins de l'Agenais et de l'Albret de 75 à 130 livres le tonneau. Environ 30 fr. la barrique. Je me souviens de les avoir encore vus à ces prix-là. Quant aux grands crus, le Mémoire ajoute : « Les vins des grands crus donnent des profits immenses, dix fois au-dessus de leur valeur, puisqu'il y a des biens qui n'ont pas coûté 15 ou 20,000 livres qui rapportent de 7 à 8,000, année commune..... Ces prix excessifs ne proviennent que de la fantaisie de l'étranger, de l'Anglois principalement qui se persuade qu'ils sont bons pour le préserver de la consomption à quoi il est sujet...... On doit convenir pourtant que ces vins n'approchent pas à beaucoup près des vins de Bourgogne qui ne se vendent pas si cher...... Tous ces vins, il y a 20 ans, se vendoient au plus 150 livres. » L'auteur du Mémoire en conclut que la mode en passera, ce en quoi il s'est trompé, comme en beaucoup d'autres choses, et que « si nous étions en guerre avec l'Angleterre, le commerce de Bordeaux serait ruiné. » Le cru de Margaux, en 1715, appartenant à M. le marquis Dauledc, rapportait 45,000 fr. Le Haut-Brion était encore plus rémunérateur. « Son étendue n'est pas trois fois aussi grande que le Place royale de Paris et il y a des années qu'on en retire plus de 50,000 livres. » On appelait aussi ce cru Pontac, du nom du premier Président de Pontac qui en avait été le propriétaire. « Le premier qui porta ce vin en Angleterre fut un cuisinier de ce Président qui s'y establit marchand et prit pour enseigne : *Au premier Président de Pontac.* »

vins de ces mêmes vignobles ne se vendoient pas plus cher que les autres il y a quelques années, et on en voit dont on ne fait pas cas à présent qui étoient fort estimés alors, quoique les vignobes ni la qualité du vin ne soient pas changés. »

Je laisse de côté, dans ce chapitre, l'histoire reprise à nouveau de la ville de Bordeaux, « cette ville de 120,000 âmes où il fait aussi cher vivre qu'à Paris, où les logements sont à un prix extraordinaire, où les denrées se vendent au poids de l'or. » Je ne reviendrai pas non plus sur ses antiquités, si intéressante qu'en soit la description,[1] sur ses institutions municipales, ses maires,[2] ses jurats,[3] ses milices, son université, ses maison nobles, etc. etc., et je rentre dans mon sujet par une appréciation du pays des Launes dont une partie relevait, par l'Albret, de l'Election de Condom.

Nous ne sortons pas de la Généralité de Bordeaux avec cette citation sur laquelle nous appelons tout particulièrement l'attention de nos lecteurs, et cependant on va voir combien, en quelques pas, nous nous éloignons de la noble cité d'Ausone :

« *O patriam insignem Baccho, fluviisque, Virisque.* »

Lisez et jugez :

« Les habitants des Landes sont des espèces de sauvages par la figure, par l'humeur et par l'esprit. Ils ont tous le visage jaune et

---

[1] Quatre plans à la main sont annexés à ce chapitre : *Un plan de la ville de Bordeaux*, — un plan d'une arène appelée *Palais Galienne*, — une *Vue du Palais Galienne*, — une *Elévation d'un portail du Palais Galienne*.

[2] En 1715, le Maire de Bordeaux nommé par le Roy était le masquis d'Estrades (*de Stratis*) dont la très ancienne famille est originaire de l'Agenois. « Dans les archifs d'Agen il y a encore trois lettres patentes portant commission du Roy Philippe le Hardi adressées au Maréchal d'Estrades pour establir Edouard Ier Roy d'Angleterre en la possession des Comtés d'Agenois et de Gascogne, l'une desquelles est de l'an 1279, *un lundy après la Pentecôte.* » (V. pages 201 et suivantes du Traité en forme d'abrégé de l'Histoire d'Aquitaine, Guyenne et Gascogne de P. Louvet, 1 vol. in-8°, Bordeaux, 1659). La compagnie de cavalerie qui escorta Catherine de Médicis à Nérac, lors de la conférence de 1579, était François d'Estrades. Le marquis d'Estrades, maire de Bordeaux, avait 2,600 livres d'appointement dont 1,100 livres pour frais de logement. Il touchait en plus 8,000 livres par an sur la Comtablie de la ville, mais cette pension était personnelle.

[3] Les jurats jouissaient à Bordeaux d'un grand prestige. Une de leurs plus singulières attributions était leur droit de justice souveraine sur les gens de mauvaise vie et sans aveu qu'ils pouvaient, sans appel, condamner à être fouettés sur le carreau par un homme *ad hoc*, « le castigateur, » qu'il ne faut pas confondre avec l'exécuteur de la haute justice.

5

plombé,[1] leurs vêtements sont faits avec des peaux de mouton qui leur
tombent jusque sur le bout des pieds, ils n'habitent jamais les maisons que lorsqu'ils sont mariés.[2] Les uns gardent les troupeaux et
quelquefois sont six mois avant d'approcher d'aucune habitation ; les
autres travaillent à conduire leurs voitures qui sont des espèces de
petits charriots à quatre roues traînés par deux bœufs. On appelle
ces voitures des Carts.[3] Ils portent avec eux toujours de quoi nourrir leurs bœufs qui est de la paille de petit millet ; ils s'arrêtent où la
nuit les prend, mettent tous leurs carts en rond dessous les quels
ils couchent et leurs bœufs dans le milieu ; ils portent avec eux du
pain de seigle et de la farine de millet avec la quelle ils font leurs
escotons[4] ou leurs cruchades ;[5] il est aisé de comprendre par la vie
qu'ils mènent qu'ils ont fort peu de connoissance, pas même de la
religion. Ils sont fort enclins au crime et au larcin, hors cependant
pour les choses dont on les charge qu'ils conduisent avec beaucoup
de fidélité.[6]

---

[1] Il est dit ailleurs : « Les habitants des Landes ont tous une couleur fort
jaune et ne vivent guère plus de 50 ans. Le mauvais air, la mauvaise eau
en sont cause. »

[2] Ces maisons sont des campagnes éparses dans les bois et fort éloignées les unes des autres. Lorsqu'il y en a cinq ou six ensemble, cela est
regardé comme un gros village. » « Les marais sont si fréquents que les
Landais vont sur des échasses avec lesquelles ils franchissent de grandes
distances. »

[3] *Carts* ou *Cars* de *Carruca*. « Carrucas hodiernas quas *cariots branslans*
vocabant Galli. » (Ducange.)

[4] Pâte ou bouillie de farine de maïs. *Escaudon*, en gascon *escaudoun*.

« Un escaudoun mau amarat.
Hè leua las peillos pou prat » (chanson gasconne).

On a voulu faire dériver *escaudoun* du verbe *escauda*, échauder, en disant
qu'on doit le manger brûlant, ce qui est une erreur, puisqu'on le mange
aussi bien froid que chaud. Je crois plutôt que ce mot vient de *Gaude* qui a
la même signification en français et est usité en Franche-Comté. La gaude
est ainsi nommée en raison de sa couleur jaune pareille à celle de la gaude,
plante tinctoriale du genre réséda qui était d'usage très commun autrefois.

[5] D'après M. Littré, *Cruchade* viendrait de Cruche. Cette étymologie mérite
confirmation.

[6] Il n'est peut-être pas sans intérêt de reprocher cette peinture du sauvage
échassier des Landes de ce que dit l'Intendant de Bourges, dans son Mémoire de 1698, des paysans de sa Généralité : « Il n'y a pas de nation plus

Ceux qui sont sur le bord de la mer sont encor plus mauvais que les autres. Dès qu'il y a un gros temps, ils courent tous sur le rivage pour voir si quelque bâtiment ne fera pas naufrage. Il est arrivé souvent qu'après avoir égorgé tous les matelots, ils les ont enterré dans le sable et qu'ils ont brûlé le bâtiment après l'avoir pillé.[1]

« Dans presque toutes les paroisses des Landes comme ils ne trouvent personne qui sachent écrire, il n'y a point de rôle pour les tailles ni pour les autres impositions. Les collecteurs se servent de grands bâtons sur lesquels ils font des marques pour chaque habitant de son imposition et de ce qu'il a payé et jamais ils ne s'y trompent. »

Aux temps préhistoriques, les bâtons de commandement avec leurs marques de chasse en font foi, on comptait déjà de la sorte, et c'est tout au moins le souvenir des campements mérovingiens qu'évoque cette peinture de nos compatriotes de Houeillès ou de la campagne de Casteljaloux. Et cela se passait au siècle, dit de Louis XIV, à deux pas du pays qui avait vu naître Montaigne et du temps même de Montesquieu !

2me PARTIE.

Election de Périgueux et de Sarlat (Chapitre II.)

Je n'aurais rien à dire de ce Chapitre qui sort de mon sujet si je n'avais à y relever encore l'esprit de partialité dont s'inspire l'Intendant de la Généralité de Bordeaux à l'égard de notre région. Il éclate à nouveau dans la description suivante de la population et de la no-

---

sauvage que ces peuples. On en trouve quelquefois des troupes à la campagne assis en rond au milieu d'une terre labourée et toujours loin des chemins ; mais si l'on en approche, cette bande se dissipe aussitôt. » N'est-ce pas la fuite du gibier devant le chasseur ? En faut-il plus pour justifier le fameux passage de Labruyère : « L'on voit certains animaux farouches, des males et des femelles répandus par la campagne, noirs, livides et tout brûlés de soleil, attachés à la terre qu'ils fouillent et qu'ils remuent avec une opiniâtreté invincible : ils ont comme une voix articulée et quand ils se lèvent sur leurs pieds ils montrent une face humaine, et en effet ils sont des hommes. Ils se retirent la nuit dans des tanières où ils vivent de pain noir, d'eau et de racines. Ils épargnent aux autres hommes la peine de semer, de labourer et de recueillir pour vivre, et méritent ainsi de ne pas manquer de ce pain qu'ils ont semé. »

[1] En cela les Landais diffèrent essentiellement des Basques, habitants des côtes dont on vantera plus loin le dévouement à secourir les navires en détresse.

blesse du Périgord qui d'abord m'a paru curieuse et qui ensuite touche d'assez près les gens du Haut-Agenois qui devaient assurérément ressembler à leurs voisins.

« Tout le peuple du Périgord est fort grossier et presque tous sont fort mal faits. Ils sont naturellement enclins au crime. Le peu de commerce qu'ils ont les uns avec les autres, l'éloignement des habitations et la quantité des bois qui s'y trouve où ils peuvent se cacher aisément les a toujours rendus fort mauvais.

Il y a une grande quantité de noblesse dans le Périgord. Ils sont tous naturellement fort glorieux et fort entestés de leur qualité sur laquelle ils ne se passent rien. Elle étoit autrefois fort unie et à la moindre affaire qu'un gentilhomme avoit, ils se rassembloient tous auprès de lui pour le défendre. Lors qu'il y avoit quelque querelle entr'eux, ils se partageoient suivant les liaisons qu'ils pouvoient avoir avec l'une des deux parties. Cela s'appelait faire un emploi et tous les jours c'étoit des combats entre les deux parties jusqu'à ce que l'affaire fût finie.

Ils vivoient tous ensemble et s'en alloient plusieurs ches un gentilhomme, y demeuroient tant qu'il y avoit quelque chose à manger pour eux ou pour leurs chevaux. Quand il n'y avoit plus rien dans la maison, ils s'en alloient dans un autre et passoient toute l'année *à courre la querelle.* C'est ainsi qu'ils appelloient ces sortes de visites où ils se trouvoient parfois deux ou trois cens. L'union qui étoit entr'eux les rendoit les plus forts du pays et fort indépendants de toute autorité. C'étoit assez qu'un gentilhomme se fût établi quelque sorte de considération pour qu'il fît impunément tout ce qu'il vouloit. Dans toutes les principales maisons on travailloit publiquement à la fausse monnoye.[1] C'étoit une espèce de titre de noblesse distingué parmi eux. Aucun officier de justice n'osoit paroitre en Périgord. Ils n'aquiessoient aux jugemens qui étoient rendus entr'eux qu'autant qu'ils le jugeoient à propos.

---

[1] Les faux monnayeurs étaient une des plaies vives du XVIe et du XVIIe siècle. Les arrêts qui les punissent de mort ne se comptent pas, et, n'est-ce pas ainsi que passa peut-être de vie à trépas, comme on disait alors, notre illustre compatriote de la Capelle-Biron, Bernard Palissy, que tous ses biographes font mourir à la Bastille ? On lit dans une note publiée au bas d'un manuscrit inédit de Diderot publiée par la *Revue Scientifique* du 26 juillet 1884 page 104 : « On apprend par un registre de la Chambre des Comptes que

Lorsqu'ils étoient assemblés, ils vivoient tous aux dépens du pays sur le quel ils établissoient des contributions.[1]

Il n'y a pas longtemps que cette manière de vivre a changé. M. de Saint-Luc, Lieutenant Général et Commandant dans la Province ayant eu des ordres du Roy pour faire arrêter M. de Coutures de la Maison de Saint-Aulaire,[2] homme de distinction dans le pays, accusé de fausse monnoye et d'avoir fait beaucoup de mauvaises actions, marcha lui même avec un régiment de cavalerie. M. de Coutures en ayant été averti vint au devant de lui à la tête de 400 gentilhommes et lui dit qu'apparement il avoit quelqu'affaire pour le service du Roy puisqu'il amenoit des troupes, qu'il venoit pour lui offrir ses services, et qu'il pouvoit compter que toute la noblesse qui étoit avec lui ne se sépareroit pas tant qu'il seroit dans le pays. M. de Saint-Luc ne se trouvant pas le plus fort, n'osa jamais l'attaquer et l'affaire finit par un acommodement.[3] »

Ainsi, un gentilhomme prévenu d'un crime entraînant la peine de mort, peut arrêter le cours de la justice du Roi, et de quel Roi ? De Louis XIV. En vérité, c'est à ne pas y croire, tant cette reculade accuserait un irrémédiable désordre intérieur et témoignerait de l'impuissance de l'autorité royale. Dans la retraite de M. de Saint-Luc devant M. de Coutures, il devait entrer encore plus de complicité que de faiblesse. Les Lieutenants du Roi n'étaient pas toujours d'aussi bonne composition, et M. de Baville, un proche parent de M. de

---

le malheureux Bernard Palissy s'étant trouvé lié dans une société de gens qui fesoient de la fausse monnoie subit le sort qu'ils méritoient, c'est-à-dire qu'il fut pendu. Son génie et ses connoissances firent son malheur. » Quel est ce registre de la Chambre des Comptes ? Où se trouve-t-il ? Cette assertion de Diderot réclame un démenti ou une confirmation.

[1] Les contributions n'étaient cependant pas toujours faciles à lever en Périgord, au moins par les gens du Roy. A Périgueux, par exemple, « les habitans étaient fort mutins ; c'étoit un usage assez établi parmi eux lorsqu'on leur demandoit quelques taxes, ils jettoient les commis dans un puys qui étoit dans une place que M. de Ris fit combler. »

[2] On lit dans le même Mémoire au détail de la noblesse du Périgord : « La maison de Beaupoil de Saint-Aulaire dont le marquis de Saint-Aulaire est l'aîné. Ils sont originaires de Bretagne et établis depuis longtemps dans le Périgord où il y a plusieurs branches de ce nom. La principale est celle de M. le Marquis de Fontenilles qui a deux frères et des enfants. »

[3] Ce trait manque à *Mauprat*, ce beau livre où George Sand a peint au vif les derniers gentilshommes bandits.

Lamoignon, mettait plus d'amour propre à exterminer les huguenots des Cévennes.

C'était à propager la foi catholique par la terreur de ses armes que le Roi et ses capitaines apportaient leur zèle le plus ardent. N'est-ce donc pas Saint-Martin de Tours qui a dit, — un prêtre de l'ancien Duché d'Albret aussi tolérant que lettré me le rappelait naguère, — que « le bras séculier n'est pas armé pour défendre et imposer la vérité. »

Certes, c'était là une belle et grande parole ; elle suffit pour arrêter l'empereur Maximilien que certains évêques poussaient à persécuter les Priscillianistes, mais le Père Lachaise qui ne l'ignorait pas, se garda bien de la répéter à Mme de Maintenon.

2me PARTIE.
Election d'Agen (Chapitre III).

Ici, comme je suis au cœur de mon sujet, je cite le chapitre *in extenso* :

« L'Election d'Agen comprend tout l'Agenois qui est le pays que les Nitiobriges, un des peuples de la Gaule Celtique, habitoient avant l'entrée de César dans les Gaules, et quoique la rivière de Garonne séparàt l'Aquitaine de la Celtique, cependant ce peuple n'avoit pas laissé de s'étendre au dela de cette rivière et d'ocuper, dans l'Aquitaine, le pays que nous apellons à présent le Condomois qui faisoit autrefois une partie du diocèse d'Agen, comme il fait encore à présent une partie de la Comté et de la Sénéchaussée d'Agenois.

Ce pays a eu ses Comtes sous la première race de nos Roys et dans le commencement de la seconde ; comme les autres pays de l'Aquitaine et de la Gascogne ; l'on trouve dans les suittes qu'un comte de Gascogne l'avoit donné en apanage à vn de ses frères et qu'il resta quelques temps dans la maison de ses descendans. Ce comté passa depuis dans la maison des Comtes de Toulouse. Bogelinde, sœur de Guillaume II, la porta dans celle d'Angoûleme d'où elle tomba dans celles des Ducs de Gascogne et d'Aquitaine. Henri VI, Roy d'Angleterre la posséda comme mari de la Princesse Eléonore, fille unique de Guillaume, dernier Duc d'Aquitaine de la maison des Comtes du Poitou ; Richard leur fils, maria sa sœur Jeanne à Raymond, Comte de Toulouse et lui donna en dot le Quercy et l'Agenois et les pays furent réunis à la France par la mort d'Alphonse de France, Comte de Poitiers frère de Saint-Louis qui mourût sans avoir eu d'enfans de Jeanne, Comtesse de Toulouse, qui étoit morte avant lui.

Saint-Louis remit ce pays aux Anglois par un traité de l'année 1259, qui fut confirmé l'an 1279 par Philipe le Hardi et successivement par Philipe le Bel, mais le refus que fit Edoüard de rendre hommage de la Guienne fût cause de la confiscation et de la réunion de ce pays à la couronne de France qui n'en jouit paisiblement que depuis l'année 1451 que les Anglais furent entièrement chassés de cette province. Charles IX donna l'Agenois en apanage a Marguerite sa sœur en la mariant à Henri IV Roy de Navarre, qui fut depuis Roy de France. Cette Princesse, après la dissolution de son mariage fît donation de tous ses biens à Louis, Dauphin de France qui fût depuis le Roy Louis XIII, pour en jouir après sa mort. Louis XIII engagea cette comté au Cardinal de Richelieu pour 160 mil livres. Marie de Vignerod,[1] nièce de ce Cardinal et son héritière en partie, donna, l'an 1642, soixante mil liures en augmentation de prix. M. le Marquis de Richelieu son héritier, en jouit actuellement.

L'Election d'Agen ne s'étend pas hors de l'Agenois ; l'imposition s'en fait par juridiction ; les juridictions contiennent plusieurs parroisses.

Il y a dans l'Agenois 134 juridictions qui sont composées de 548 paroisses.

Lorsque la Généralité de Bordeaux porte de taille.	3.045.401	»
De capitation compris les 2 p. . . .	1.100.000	»
De dixième......................	1.236.141	»
D'ustancile.......................	826.330	»
De fourages.....................	182.251	»
	6.390.123	»
L'Election d'Agen porte de taille.....	760.200	»
De capitation....................	168.097	»
De dixième.....................	224.125	»
D'ustancile.....	223.678	»
De fourages........	47.461	»
	1.423.581	»

[1] Marie Vignerod que nous retrouverons plus loin avait hérité aussi du Dduché Pairie d'Aiguillon,

La taille est réelle dans cette Election , ce qui rendroit les impositions bien moins à charge que dans toutes les autres, s'il ne s'y étoit pas glissé beaucoup d'abus, plusieurs personnes s'étant servies de leur autorité et de leur crédit pour faire exempter leurs biens et les tirer des cadastres que fort peu de parroisses ont conservés dans les formes. Ce serait un grand bien pour cette Election de metre les choses en règle et de faire raporter les titres de nobilité des fonds.

Ce pays est le meilleur de toute la Généralité, le plus riche, le plus abondant, et d'un plus grand commerce. Il n'y a qu'un très petit canton du coté du Perigord et du Quercy qui est plein de chataigniers qui ont essuyé le sort de ceux du Périgord.[1]

Le reste du pays est un très bon fond qui produit toutes sortes de choses dont le débit est facile parce que l'Agenois est bordé d'un coté par la Garonne et qu'il est traversé par le Lot qui se jette à Aiguillon dans la Garonne qu'on a rendüe navigable par les écluses qu'on y a fait.

Il s'impose tous les ans un fond pour les réparations qu'il y a à faire pour entretenir la navigation du Lot. Ce fond n'est pas assez considérable ; il y a des particuliers qui sont chargés du soin de l'entretien des écluses, y ayant des moulins, qui n'ont pas eu toute l'atention qu'ils devoient y avoir ; il sera aisé de réparer tout cela pendant la paix ; cependant la navigation est assés libre.

Les principaux commerces du pays sont celui des bleds qu'on recüeille dans le pays ou que l'on fait venir du Quercy et qu'on envoye à Bordeaux.

Celui de toutes sortes de vins qui se recüeillent sur les bords de la Garonne, qui sont fort recherchés des étrangers. Il y en a du coté de Clairac et de Tonneins qui sont des espèces de vins doux et muscats qui ne valent rien sur les lieux mais qui deviennent fort bons quand ils ont passé la mer. Il s'y fait aussi beaucoup d'eau-de-vie , lorsque les vins ne sont pas de qualité à être transportés, et des toiles de toutes sortes de façon, dont le principal débit se fait à La Réole.

Celui du chanvre dont il se fait un grand débit et qu'on envoye dans divers points du Royaume, et dans les pays étrangers pour faire

---

[1] C'est à dire qui sont morts par suite des gelées de l'année 1709.

du cordage ; celui de la graine de lin dont on envoye beaucoup en Hollande et dans le Nord.

Il se fait aussi beaucoup d'argent de consommation de fruits ; on en envoye quelques uns dans les pays étrangers, et surtout des prunes que l'on fait sécher. La plus grande consommation s'en fait dans la province. L'hyver de *1709*, avait fait périr tous les arbres fruitiers, mais ils ont été replantés et le commerce commence à se rétablir.

Ce sont les négociants de Bordeaux qui font tous ces commerces même celui des bleds ; ils ont leur corespondants ou pour mieux dire leurs commissionnaires dans l'Agenois qui leur font venir tout ce qu'ils demandent.

Le plus grand de tous les commerces de ce pays là, et celui qui répand le plus d'argent, est celui du tabac. Tout le canton qui est depuis le Lot jusqu'auprès de Marmande sur les bords de la Garonne en est planté. Dans le temps qu'on le fait travailler qui est au mois d'octobre, on y ocupe treize à quatorze mil âmes et il s'en fait pour plus de quatre milions, ce sont les marchands de Tonneins et de Ciairac[1] qui font seuls le commerce, les négociants de Bordeaux n'y entrent point. Tout le tabac s'envoye a Gênes. Ce commerce est souvent traversé par les intéressés dans la Ferme générale du tabac et on ne sçauroit avoir trop d'atention à le soutenir, car outre l'argent qu'ils retirent d'Italie, il ocupe pendant trois mois de l'année toutes sortes de personnes de tout age jusqu'aux enfants de sept ans. On en a rendu compte plus au long dans le chapitre du commerce.

Comme le terroir y est fort bon, les chemins y sont très mauvais et très gras ; il n'est pas possible que les voitures puissent y marcher hors dans les plus grandes chaleurs de l'année, ce qui fait que tout le pays qui est éloigné de 4 ou 5 lieues de la Dordogne, du Lot, ou de la Garonne, quoique aussi bon que le reste, n'a pas la même aisance parce qu'il est obligé de consommer les denrées sur les lieux qui ne peuvent point se transporter ailleurs. Il y a, de ce côté la, beaucoup de bois propres pour le merrain, pour la charpente et pour le chauffage qui sont inutiles ne pouvant être transportés.

On prétend que l'on pouroit rendre navigable une petite rivière

---

[1] Deux villes contaminées par l'hérésie protestante.

apellée le Drot qui traverse ce canton la, et qui vient se jeter dans la Garonne à Cauderot, entre Saint-Macaire et la Réole. Cela acheveroit d'enrichir tout l'Agenois et seroit d'une grande utilité pour Bordeaux par la quantité de bois de toutes sortes d'espèces que cela y aporteroit.

On n'a jamais songé à faire les travaux nécessaires pour cela ; une personne qui prétend avoir examiné ce qu'il en coûteroit, croit que cette dépence iroit à près de quatre cens mil livres. C'est une chose à examiner.

Comme le pays est fort bon, il n'y en a point dans la généralité de plus peuplé ni qui soit remply de plus gros lieux. Les peuples y sont fort soûmis et fort dociles ; ils travaillent beaucoup ou ne songent qu'a leur négoce. La noblesse n'y est point unie comme en Périgord ; chacun vit chez soy. Comme ils ne manquent de rien et qu'ils ont tous beaucoup à perdre, ils n'oseroient rien entreprendre dont ils puissent craindre des suittes facheuses.

Les principaux lieux de l'Agenois sont.

La ville d'Agen qui est la plus grande ville de la province après Bordeaux et la principale du pays d'Agenois. C'est l'ancien *Agenno, Agennium*, et *Agennum Nitiobrigium*, capitale des Nitiobriges. On a trouvé dans son enceinte et aux environs de très anciennes médailles et l'on void encore, joignant les murs de cette ville, les vestiges d'un vieux bâtiment qu'on prétend avoir été dédié a Diane, et assez près de la ville, les mazures d'un fort apelé Castillon qui paroit avoir été très considérable. Elle est scituée dans une plaine très fertile au pied d'une montagne et sur le bord de la Garonne.[1] C'est le principal siège d'un Evêché et d'un Sénéchal Présidial dont M. de Belzunces est Sénéchal, et d'une Election.

Cette ville est ornée de plusieurs belles promenades et entr'autres une au bord de l'eau qu'on apelle le Gravier ;[2] une partie en a déjà été emportée par la rivière et il est à craindre que, par succession de temps, le reste ne le soit aussi.

---

[1] « Erat enim Aginnum, civitas nobilis, inter Tolosam et Burdigalam, in amœno loco sito » dit une ancienne *Histoire des Albigeois*.

[2] Le poète Agenais Cortète de Prades en a laissé une belle description faite à peu près à la même époque que le Mémoire de M. de Lamoignon. V. *Las légrémos del Grabè*. — Jasmin a chanté plus tard :

Les habitans d'Agen sont fort paresseux et sont les seuls de l'**Agenois** qui ne font aucun commerce, ce qui les rend les plus pauvres de tout le pays. On y a établi depuis peu de temps une manufacture d'étoffes d'une espèce de Camelot[1] qui réussit fort et qui fait déjà travailler plus de 600 ouvriers, mais il est à craindre que si cette manufacture n'est pas soutenüe, elle ne tombe.[2]

Il y avoit autresfois un pont dont il reste quelques arches; il seroit très utile de le rétablir pour le commerce et pour la facilité des voitures qui vont d'Espagne à Lyon et qui ne peuvent passer qu'avec beaucoup de peine et de risques.

Villeneuve d'Agenois est une ville assez considérable et une des plus commerçantes de toute la Généralité; elle est scituée sur le bord du Lot et c'est où demeurent les principaux négocians de tout l'Agenois qui font tout le commerce du pays, excepté celui du tabac qui se fait à Tonneins et à Clérac. Cette ville étoit considérable dès le temps que les Anglois étoient maitres de la Guienne.

Quoique la ville de Casseneüil[3] soit peu de chose à présent, cependant elle mérite d'être remarquée par son ancienneté puisque c'est

---

        « Tout aquets ourmes biels qu'Agen a bis planta
        Que semblon en forman uno bolto ennartado
        De géans arrengats que se tocon la ma. »

Ces ormeaux sont tombés et ont été remplacés par des platanes.

[1] *Pannus ex camelorum pilis confectus*, d'après Ducange. A défaut de poils de chameau, on prit d'abord du poil de chèvre, puis de la laine de qualité inférieure d'où *Camelote* pour désigner un objet de peu de valeur. Le droguet a remplacé le camelot et ne vaut pas mieux. Aussi Littré dit-il que droguet vient de *drogue,* en raison de sa mauvaise fabrication.

[2] Dans le Mémoire original de 1699, M. Bazins de Bezons n'était pas plus aimable à l'endroit des Agenois. Qu'on en juge : « Cette ville est scituée sur la Garonne et quoiqu'elle soit en un beau pays, il ne s'y fait aucun commerce parce que les habitans en sont fainéans. Cela fait qu'ils sont pauvres ; ils mangent tout ce qu'ils ont. » — Comme nous voilà loin de jolis vers de Chapelle et Bachaumont :

        Agen, cette ville fameuse.
        De tant de belles le séjour, etc.

Décidément les poètes valent mieux que les Intendants et font aussi preuve d'un jugement meilleur.

[3] Tous les anciens chroniqueurs désignent Casseneuil sous le nom de *Ville royale.* Il est écrit, dans la *Vie de Charlemagne,* que cet Empereur « natalem

là où Charlemagne allant en Espagne, l'an 778, laissa la Reyne Illedegarde son épouse qui y accoucha de Loüis le Débonnaire et de Lothaire. Ce dernier y mourut peu après, et y fût enterré. Cette ville est scituée sur le Lot et apartient à M. le Duc de Roquelaure.

Penne est une ville fort ancienne ; elle étoit une forteresse considérable du temps que les Anglois ocupoient la Guienne ; elle est scituée sur une hauteur au bord du Lot.[1]

Marmande et Tonneins sont deux assés grandes villes sur le bord de la Garonne et fort peuplées.

Aiguillon[2] est à l'embouchure du Lot, Castillonnés qui est dans les terres, Sainte-Foy sur la Dordogne, le Port-Sainte-Marie sur la Garonne, sont d'assés gros lieux entourés de murailles. Il y en a plusieurs autres encore qu'il serait inutile de nommer, et quoique l'Agenois ne soit qu'un très petit canton de la Généralité par l'étendüe du pays, cependant il y a presqu'autant de gros lieux et de villes que dans le reste de la Généralité ensemble. Les plus riches et les plus considérables, par le nombre des négociants, sont Tonneins et Clairac, à cause de la fabrique du tabac qui se recueille dans ce canton la.

---

domini in Duciaco villa, pascha vero in Aquitania apud Cassinogilum celebravit. » Casseneuil passe pour avoir été une des quatre stations d'hiver des Empereurs d'occident qui y avoient un palais.

[1] *La Penne d'Agenois.* Le chateau du Roy dominait la ville. Simon de Monfort l'assiégea en 1212. Monluc s'en empara en 1562 après un combat acharné qui finit par un massacre général des huguenots. Ils furent *dépêchés* et jetés dans un puits.

[2] *Acilio.* L'origine de cette ville remonte aux Romains. Elle joua un grand rôle lors de l'invasion anglaise. (On trouvera dans le *Dictionnaire géographique et historique de l'Arrondissement de Nérac* de M. Samaseuilh , *Nérac 1880,* page 210 ; le récit du siège d'Aiguillon traduit par Jean Villani, l'historien Florentin.) Erigé en Duché Pairie par Henri IV, en faveur du duc de Mayenne, Aiguillon passa à la nièce de Richelieu et, par elle, aux Vignerod Duplessis ducs d'Aiguillon, dont le premier est surtout connu par des livres obscènes, entr'autres *le Recueil du Cosmopolite*, et le dernier par sa fougue révolutionnaire. Le château des Ducs d'Aiguillon construit sur les plus beaux modèles n'a jamais été achevé et sert aujourd'hui de magasins de tabac,

Il y a plusieurs familles d'une très ancienne noblesse en Agenois, les principales sont : [1]

M. de Belzunces, sénéchal d'Agenois et de Condomois. Il est originaire du pays de Basque où l'aîné de sa maison est établi. Son père avoit acheté une terre en Agenois ; le fils a épousé Mlle de Lauzun, sœur de M. le Duc de Lauzun. Il a un fils qui commande une compagnie de gendarmerie, il en a eu un autre qui a été tué dans la même place.

M. de Fumel est originaire du pays ; il tire son nom du gros bourg de Fumel sur le Lot qui est très bon et très ancien, il y a eu un Seigneur de Fumel [assassiné dans son château par ses habitants pendant les guerres de la religion, parce qu'il était zélé défenseur de la religion catholique ; il y en a eu un autre Ambassadeur à Constantinople. Il y a plusieurs cadets de cette maison, ce sont MM. de Montegut, de Lasale, du Faradel et plusieurs autres.

MM. de la Capelle-Biron portent le nom de Carbonnières qui est très bon et très ancien, il est originaire d'Auvergne établi en Agenois depuis près de deux siècles. On l'appelle Biron pour le distinguer des autres La Capelle ; il y a plusieurs branches de ce nom.

Il y a en Agenois une branche de la maison de Roquefeüil qui est très ancienne, originaire des frontières de Roüergue. La branche aînée a fondu dans la maison de Monperoux.

MM. de Cadrieu sont originaires du Quercy. M. de Cadrieu, Colonel du Régiment d'infanterie de Toulouze, Brigadier des armées du Roy, a fait un etablissement en Agenois. Sa veuve et ses enfants y sont actuellement, c'est un fort bon nom et qui a donné au Roy nombre de bons officiers dans les dernières guerres.

M. de Vivans,[2] Lieutenant Général des armées du Roy, est établi en

---

[1] Les noms qui vont suivre et ceux qui viendront au chapitre des Elections de Condom et de Lannes sont pour la plupart accompagnés d'explications suffisantes. Nous n'y ajouterons donc presque rien et renvoyons dès à présent aux ouvrages spéciaux : à l'*Armorial de France* de d'Hozier au *Dictionnaire : De Lachesnaye des Bois*, au livre du P. Anselme sur les grands officiers de la Couronne, au *Nobiliaire de Guienne et Gascogne* d'O'Gilvy et de Bourrousse de Laffore, aux *Maisons historiques de Gascogne*, *Guienne*, *Bearn, Languedoc et Périgord* de J. Noulens, etc.

[2] Dans les notes de la *Chronique d'Isaac de Pérès*, page 101, M. Tamizey de

Agenois ; il est originaire du Périgord. M. son père étoit **Maréchal** de Camp. MM. de Valence portent le nom de Timbrune qui est très bon et très ancien. Ils sont en Agenois depuis plusieurs siècles ; il y a plusieurs branches de cette famille. M. de Valence est Colonel d'infanterie.

MM. de Lusignan [1] portent le nom de Lau qui est très bon et très ancien, il est originaire d'Armagnac. M. son père a épousé l'héritière de la terre de Lusignan en Agenois. Il y a en Armagnac plusieurs familles de ce nom, M. de Montazet porte le nom de Damalvin ou de Malvin par corruption qui est très bon et très ancien. Cette famille a donné dans les dernières guerres de bons officiers et a servi utilement dans la Province pendant les guerres de la Religion et autres guerres civiles ; il y a en Guienne plusieurs familles de ce nom.

MM. de Gavaudun portent le nom Dàuray. Ils sont originaires de Brie et établis en Agenois depuis 70 à 80 ans avec distinction. M. le Chevalier de Gavaudun qui est auprès de Monseigneur le Comte d'Eu est de cette maison.

MM. de la Poujade portent le nom de la Goûte qui est bon et ancien, originaire de Forest ; il y a plus de trois siècles qu'ils ont un établissement considérable en Agenois.

MM. d'Hauterive portent le nom de Raffin qui est fort bon et fort ancien dans le pays ; il y a eu un Pothon Raffin Sénéchal d'Agenois, Capitaine d'une compagnie d'Archers de la Garde et ambassadeur au Concile de Trente ; il ne laissa qu'une fille qui fut mariée à M. de Lansac, il y a plusieurs familles de ce nom.

MM. de Monbeau portent le nom de Montalambert. Il y a environ 150 ans qu'ils sont établis en Agenois où ils sont regardés sur le pied de gens de condition ; ils sont originaires de Poitou. Il y a plusieurs branches en Agenois de cette maison.

MM. de Monviel portent le nom de Vassal qui est bon et ancien ; il y a eu un très grand nombre de familles de ce nom en Périgord,

---

Larroque a donné la généalogie de cette famille d'après un manuscrit de M⁼ˢ la comtesse de Raymond qui en a emprunté les éléments aux archives de la famille de la Verrerie de Vivans.

[1] Voir sur les Lusignan les notes de M. Tamizey de Larroque dans les *Documents pour servir à l'histoire de l'Agenois*, p. 175, 181, 204. Voir aussi *Les Lusignans du Poitou et de l'Agenois* de M. de Bourrousse de Laffore.

aussi bien qu'en Agenois. M. de Monviel est Brigadier d'infanterie, il a été Gentilhomme de la Manche de feu Monseigneur le Dauphin : il a deux frères dont l'un est Colonel du Régiment de Dauphiné et l'autre Capitaine des Grenadiers du Régiment du Roy.

MM. de Brassac portent le nom de Galar ou Goular.[1] La plus commune opinion est que leur origine est auprès de Condom ou paroissent encore des masures qu'on nomme en langage du pays *Las tous de Goular*, c'est-à-dire les tours de Goular. C'est une très bonne et très ancienne noblesse dont il y a plusieurs familles en Agenois, en Condomois et en Armagnac. Il y a eu de ce nom de Goular Brassac un chevalier du Saint-Esprit et un Gouverneur de Nancy.

La maison de Théobon en Agenois est éteinte. M. le Marquis de Pons, Me de la Garde Robe de Monseigneur le Duc de Berri en a épousé l'héritière ; son nom est Saint-Angel qui est très bon et très ancien.

MM. de Clermont Combebonnet portent le nom de Narbonne qui est connu depuis longtemps. Ils sont cadets de la Maison de Narbonne Fimarcon qui a fondu dans celle de Cassagnet qui est le nom de MM. de Fimarcon d'aujourd'hui dont il sera parlé dans l'article du Condomois.

M. du Bourg [2] porte le nom de Soüillac [3] qui est ancien. Il est cadet de la maison d'Azerat en Périgord.

---

[1] Sur les Galard, Voir *Documents historiques sur la maison de Galard*, 5 vol. in-4o de M. J. Noulens.

[2] En 1671, un du Bourg, — était-il de la même famille ? — lieutenant particulier assesseur du Présidial de Condom, était prévenu, ainsi que Antoine Muraille, Joseph Doujon, Bertrand de Joyau et Jean de Barluc, conseillers du Présidial d'Agen, d'exercer leur charges sur les *provisions*, fabriquées par des faussaires qui, pour ce fait, avaient été condamnés à mort. Par arrêt du Conseil d'Etat du 12 août 1771, il est enjoint au sieur Daguesseau commissaire départi dans la Généralité de Bordeaux, de vérifier ces provisions et de se prononcer sur leur validité.

Ces faux n'étaient pas rares et la peine de mort n'arrêtait pas les faussaires. En 1704, Branet de Ségun de Montauban est pendu et étranglé dans cette ville pour un semblable crime sur la famille du Bourg, voir la généalogie de la Maison du Bourg par M. Henry du Bourg. Toulouse 1880.

[3] «Souillac dont il y a deux branches distinguées par deux terres. L'une s'appelle Verneuil, l'autre Chatillon.

MM. de Gironde sont d'un très bon nom. Il y en a plusieurs familles en Agenois comme MM. de Peissonnat, de Castelsagrat, de Monclars, sur les frontières du Quercy, et M. de Gironde Lieutenant des Maréchaux de France en Agenois.

M. de Carbonnié est d'un bon nom, ils ont eu dans cette famille plus d'une fois le gouvernement de Castillonnès.

MM. de Verdun portent le nom d'Abzac qui est très bon et très ancien ; c'est celui de MM. de La Douze en Périgord.

MM. de Beynac sont sortis de la maison de Beynac en Périgord dont il a été parlé.

MM. de Saint-Gruel portent le nom de Descorailles ; ils sont sortis d'Auvergne depuis plusieurs siècles où la souche de leur maison est établie.

MM. de Cauzac portent le nom de Verduzan. Il est cadet de la maison de Miran en Armagnac qui a donné il y a longtemps des Sénéchaux de Bazadois.

MM. de Roquefort [1] et de la Perche portent le nom de Secondat qui est de même que celui de M. de Montesquieu Président à mortier au Parlement de Bordeaux dont il a déjà été parlé.

MM. de Ferussac portent le nom de Lebise qui est fort bon et fort ancien. Il y a deux de ces messieurs dans le Régiment de Chartres Cavalerie dont l'un est Major et l'autre Capitaine.

MM. de Madaillan en Agenois se disent de même maison que M. de Lassé ; ils sont anciens dans le pays.

MM. de Montlesun sont cadets de la maison de Montcassin dont il sera parlé dans l'article du Condomois.

Le nom de Bonis en Agenois est bon et ancien. Il y a plusieurs familles de ce nom, comme MM. de La Sale, de Pauillac et quelqu'autres.

MM. de Vauquecourt sont d'un fort bon nom ; ils sont originaires de Périgord. MM. de Château en Agenois portent ce nom.

MM. de Solmigniac sont fort anciens. Il y a plusieurs familles de

---

[1] Le joli village fortifié de Roquefort près d'Agen, était un apanage de la Maison de Secondat et les descendants actuels de cette famille y ont encore, si je ne me trompe, une importante propriété.

ce nom en **Agenois** et en **Périgord**. Il y a eu un Allain de Solmigniac, Evêque de Cahors, qui est mort en odeur de sainteté.

Le nom de Balzac d'Entragues dont la mère du Maréchal de Marcin étoit l'héritière, est éteint en Agenois. Il en reste quelque branche peu considérable en Condomois. C'est un fort bon nom qui a donné des Sénéchaux au pays il y a plus de 300 ans. On l'apelle d'Entragues a cause des baronnies de Clermont et de Dunes que la riuière de Garonne sépare qui appartenoient à cette maison en latin de *Interaquas*.[1]

M. de Lavaugnion dont le nom est Quelin du Broutay, ancienne famille de Bretagne; son père était Lieutenant Général des armées du Roy, il est le premier qui s'est établi en Agenois.

MM. de Rigoulières qui portent le nom de Delart ;[2] MM. D'hébrat, dont il y en a plusieurs familles; MM. de Mézières qui portent le nom de Gordièges; MM. de Melet, qui se disent les mêmes que ceux du Périgord, Neuvie et Fayoles qui le portent ; MM. de Bar Cadets de la maison de Mauzac, près Montauban; MM. de Roquecor Lhostelnau, dont l'oncle était major des Gardes françaises et officier de distinction; M. de Matromet, écuyer du Roy; MM. de Digeon Monteton ;[3] MM. de Parazols; MM. de la Garennie; MM. de Stefort, dont le nom est Castagnier ; MM. de Bonaire du Castela; MM. de Ceserac; MM. de Filartigues; MM. de Bruet; M. de Roquepiquet, sont tous de bons gentilshommes.

Il y a encore en Agenois plusieurs familles d'ancienne noblesse dont le détail serait trop long.

Les maisons de Lauzun et de Duras sont originaires d'Agenois, les terres de leurs noms y sont situées; ces maisons sont si connues qu'il est inutile d'en parler.

---

[1] En gascon Entr'aygos.

[2] Voir : *Notes historiques sur les monuments féodaux et religieux du département de Lot-et Garonne*, t. V, in-8°. Agen, 1882.

[3] Voir : Le *Dictionnaire historique géographique et archéologique de l'Arrondissement de Nérac* de M. Samazeuilh. Dernière édition, 1880, au nom de Lasserre.

Les principales terres de cette section sont :

La Baronnie de Lusignan qui appartient à **M.** de Lusignan, elle consiste en 3 paroisses qui valent 4,000 livres de rente.

La terre d'Aiguillon, autrefois Duché. Elle consiste en 22 paroisses qui valent 25,000 livres de rente, elle appartient à M. le Marquis de Richelieu. Le revenu de cette terre serait beaucoup plus considérable s'il était bien administré.

Tonneins [1] qui est divisé en deux parties qui ont chacune le titre de Baronnie. L'une s'apelle Tonneins-Dessus qui appartient à **M.** le Duc de la Force et lui vaut 5 à 6,000 livres de revenu, elle est composée de 3 paroisses. Tonneins-Dessous appartient à M. de Lavauguion et vaut à peu près le même revenu. Il y a 4 paroisses.

La baronnie de Seiches, composée de 3 paroisses qui valent 3,000 livres à M. de Monier, Conseiller au Parlement de Bordeaux.

Virazet, Baronnie, elle appartient à M. de Virazet, cy-devant Président à mortier au Parlement de Bordeaux. Elle a 2 paroisses qui valent 4,000 livres de revenu.

La baronnie de Monteton à M. de Monteton [2] qui a 2 paroisses vaut, à peu près le même revenu.

Le Duché de Duras composé de 8 paroisses qui valent 15,000 livres de revenu.

Le Marquisat de Théobon à **M.** le marquis de Pons, composé de 5 paroisses qui valent 4,000 livres de revenu.

Tombebœuf qui n'a d'autre titre que celui de Sirerie à M. Sarmajan, vaut 5,000 livres de revenu; il y a 7 paroisses dans cette terre.

Grateloup, Baronnie à M. de Lavanguion; il y a 5 paroisses qui valent 5,000 livres de revenu.

Le Marquisat de Castelmoron à **M.** de Belzunces a 4 paroisses et vaut 4,000 livres de revenu.

---

[1] Voir : *Recherches historiques sur la ville et les anciennes baronnies de Ton neins* de M. Lagarde, IV, in-8°, Agen, 1833.

[2] Le comte Digeon, dont le nom est resté si populaire à Nérac.

Le Comté de Laugnac à M. de Chazeron vaut 2,000 livres de revenu ; il n'y a qu'une paroisse.

Cours, Vicomté à M. de la Pouyade, a 2 paroisses qui valent 2,000 livres de revenu.

La Baronnie de Casseneuil à M. de Roquelaure, contient 6 paroisses qui valent 6,000 livres de revenu.

Celle de Cancon au même qui a 7 paroisses qui valent 5,000 livres de revenu.

Saint-Bertoumieu au même qui a 6 paroisses qui valent 6,000 livres de revenu.

Le Duché de Lauzun, en y comprenant Verteuil, Monbahus et Puidauphin, vaut 18,000 livres de revenu et comprend 33 paroisses.

Gavaudun, Marquisat à M. de Belzunces, vaut 5,000 de revenu ; il comprend 4 paroisses.

La Capelle Biron, à M. de la Capelle Biron, Marquisat ; il n'a qu'une paroisse qui vaut 3,000 livres de revenu.

La Baronnie de Sauveterre vaut à M. de Losse 2,000 livres de revenu ; elle n'a qu'une seule paroisse.

Le Vicomté de Fumel, à M. le comte de Fumel, a deux paroisses, qui valent 6,000 livres de revenu.

Pujols, à M. de Ponnac, vaut le même revenu et a le titre de Baronnie.

Clermont-Dessus, Marquisat à M. de Tastet, est composé de 3 paroisses qui valent 4,000 livres de revenu.

Le Marquisat de Valence, à M. de Valance, a 2 paroisses qui valent 3,000 livres de revenu.

Goudouruille, Baronnie, à M. de La Trène, a 4 paroisses qui valent 5,000 livres de revenu.

Beauville, Baronnie, à M. de Taleyran, vaut 4,000 livres de revenu et est composé de 6 paroisses.

Montegut, Vicomté, à M. de Montegut, a 6 paroisses, qui valent 6,000 livres de rente.

La Baronnie de Tombebouc, au même, composée de 5 paroisses vaut 4,000 livres de revenu.

Frespech, Baronnie, à M. de Raignac, Conseiller au Parlement de Bordeaux, 4 paroisses, qui volent 5,000 livres de revenu.

Bajaumont, Baronnie, à M. de Chazeron, qui vaut 15,000 livres de revenu ; il y a 2 paroisses dans cette terre.

Le Comté de Monpezat, à M. le Marquis de Richelieu, composé de 18 paroisses, qui valent 18,000 livres de revenu.

Le Marquisat d'Alemans, sur le Drot, qui n'a qu'une paroisse, à M. de Pardaillan vaut 4,000 livres de revenu.

Celui de Pardaillan, au même, qui n'a pareillement qu'une paroisse vaut 2,500 livres.

La Baronnie de Levignac, composée de 5 paroisses, vaut à M. le Marquis de Biron, Lieutenant Général des armées du Roy 5,000 livres de revenu.

Sommensac, Comté, à M. de Chalais, qui n'a que 3 paroisses, qui valent 4,000 livres de revenu.

Pauillet, Baronniu, à M. le Duc de la Force, n'a que 3 paroisses qu lui valent 2,000 livres de revenu.

Hautevignes, Baronnie, à M. le comte de Fumel, vaut 3,000 livres de revenu et n'a qu'une seule paroisse.

Le Marquisat de Puimiclan, de 5 paroisses, à M. de Pompadour, vaut 4,000 livres.

Birac,[1] Baronnie, à M. le comte de Narbonne, vaut 3,000 livres de revenu, il n'y a que 2 paroisses.

Il y a plusieurs autres terres qui ne sont pas titrées qui ne laissent pas que d'être considérables, mais le détail serait trop long et ennuyeux.

----

[1] A donné son nom à la maison de Nérac dite *le château de Birac* que longe la rue *du Lart*, ou de Lart, en raison de la famille de Lart qui en fut propriétaire. V. Bourrousse de Laffore. (Notes sur les monuments religieux et féodaux du Lot-et-Garonne.)

La Baronnie de Tombebœuf, au même, composée de 5 paroisses
vaut 4,791 livres de revenu.

2ᵐᵉ PARTIE.

Chapitre IV (Élection de Condom).

Avec ce chapitre nous entrons dans le Duché d'Albret qui, en partie, est rattaché aujourd'hui au Département de Lot-et-Garonne et nous n'oublions pas non plus que le Condomois avait jadis appartenu à l'Agénois. Ce Duché d'Albret fût constitué par Henri II avec toutes les terres que la maison d'Albret possédait en Guienne; Nérac en fût la capitale. Il avait été érigé en faveur d'Antoine de Bourbon et de Jeanne d'Albret, sa femme, et fut donné, sous Louis XIV, à la Maison de Bouillon pour partie de l'échange de la principauté de Sedan.

Après ces préliminaires, l'Intendant décrit l'Election de Condom et s'exprime ainsi sur ses habitants. Je fais observer que l'Albret n'est pas compris dans cette appréciation qui ne vise que les Condomois et qu'il a sa notice à part, à la suite:

« Les peuples y sont assez grossiers et fort soumis; la noblesse qui n'est pas riche est obligée de vivre chez soy. Dans toute la Généralité, il n'y a point de peuple si docile que dans ce canton-là.

Il n'y a point de ville considérable dans le Condomois. Condom [1] qui en est la capitale ne pouvant être regardé que comme un bourg très médiocre. C'est cependant le siège de l'Evêché, d'un Présidial et

---

[1] Condom, de *Condomium, Condominium*. « Nomen haud dubio sumpsit e monasterio ordinis Benedictini cui Condomium nomen : Condomium enim mediæ etati nihil aliud quam massa, seu prædium ecclesiæ (*Rerum Aquitanicarum*).

d'une Election. Les autres principaux endroits ne méritent pas d'être raportés.[1]

La partie de l'Albret qui est dans l'élection de Condom vaut beaucoup mieux que le Condomois. Le pays est plus beau et meilleur. On y recueille des grains, beaucoup de vins qui sont bons pour porter dans les pays étrangers. On y fait des eaux-de-vie, on y récolte du tabac dans plusieurs paroisses et le commerce y est assez considérable.[2]

Il a été fort augmenté depuis que la rivière de Bayse a été rendue navigable et qu'elle peut porter des bateaux depuis un quart de lieue de Nérac jusqu'à la Garonne. Cela facilite beaucoup le débit de toutes les denrées. Il y a d'assez bons négocians dans ce canton-là qui ont gagné du bien par les facilités qu'ils ont de négocier les denrées du pays ou d'en faire venir d'autres qui sont absolument nécessaires dans tous les environs.

La facilité du débit des denrées jette beaucoup d'argent dans le pays, la fabrique du tabac fait travailler beaucoup de monde dans les endroits où il se recueille. Il y a beaucoup plus de voitures à faire de ce côté-là que dans le Condomois parce que c'est ordinairement l'entrepôt de toutes les marchandises qui viennent de Bordeaux ou de Toulouse pour le Béarn, les Landes et les environs de Bayonne. Lorqu'on ne peut pas les envoyer par mer jusqu'à Bayonne, on les porte par la Garonne et par la Bayse jusqu'à Nérac d'où on les transporte par terre au Mont-de-Marsan où on les embarque sur la Douze qui se jette dans l'Adour.

Le peuple y est naturellement industrieux, il cherche à travailler

---

[1] Il est difficile de traiter une ville comme Condom avec plus de sans-gêne et d'impertinente partialité. Si son grand évêque Bossuet pensait comme M. de Lamoignon et avait pris des renseignements auprès de lui, on comprend qu'il n'ait pas consenti à y résider.

[2] M. l'Intendant ne paraît pas se douter qu'il fait toujours l'éloge des pays infestés par l'hérésie dont il a une si grande horreur. Les Religionnaires, très rares à Condom, étaient très nombreux à Nérac et dans les environs.

et à se mettre dans le négoce. Comme la Noblesse a besoin de négocians pour le débit de ses denrées, ces derniers y sont fort consi-
dérés.[1]...

La Noblesse est fort adonnée au service dans ce canton-là ; il y a
fort peu de gentilshommes qui n'ayent servi, mais il y en a très peu
qui soyent restés longtemps au service. La bonté du pays et la facilité de vivre chez eux les engagent à y revenir ; ils se rassemblent
assés les hyvers dans les petites villes, mais quoy qu'ils soyent fort
unis , cela ne les rend pas plus dificiles dans les affaires qu'on peut
avoir avec eux.

Les principales villes de cette partie de l'Albret sont Nérac[2] et

---

[1] A Nérac, particulièrement, l'importance de ces négociants était telle
qu'ils y avaient constitué une sorte de haute bourgeoisie dont on retrouve
encore les vestiges et qui, tout en s'alliant à la noblesse, garda jalousement
son attitude frondeuse. D'autre part, la Noblesse avait cette courtoisie aimable dont elle ne s'est jamais départie dans nos pays, et ce n'est pas en
Albret qu'on eût rencontré le noble de province dont parle Labruyère : « Le
noble de province inutile à sa patrie, à sa famille et à lui-même, souvent
sans toit, sans habits et sans aucun mérite, répète dix fois par jour qu'il
est gentilhomme, traite les fourrures et les mortiers de Bourgeoisie, occupé
toute sa vie de ses parchemins et de ses titres qu'il ne changerait pas contre les masses d'un chancelier. »

[2] M. Bazin de Bezons, dans le Mémoire original de 1698, reconnaît que
Nérac est la meilleure ville de l'Election de Condom. Il ajoute : « C'est la
capitale de l'Albret. Il y a Présidial et un beau château qui apartenoit au
Roy de Navarre. La Bayse commence d'y être navigable jusqu'à la Garonne.
C'est un canton remply de nouveaux convertis et des plus obstinés. Il y a
plusieurs marchands qui y font commerce et les habitans en sont plus à
l'aise que ceux de Condom. »

Dans l'extrait de ce même mémoire corrigé par M. de Boulainvilliers le
caractère protestant dont ne parle pas M. de Lamoignon est encore plus
nettement accusé : Nérac a beaucoup souffert de la Révocation de l'édit de
Nantes parce que *tout le peuple y etoit huguenot et d'ailleurs fort obstiné*. Il a
fallu la réduire au changement par la force et le succès a causé la ruine ou
la fuitte des principaux marchands. » M. de Boulainvilliers loue encore « la
magnificence de l'ancien château des Roys de Navarre. » De toutes ces
appréciations, la dernière est la meilleure : Nérac si florissant par son commerce ne se releva jamais du coup que lui porta la Révocation de l'édit de
Nantes qui força ses principaux négociants à s'expatrier.

Mézin ! ¹ Nérac est une ville assés considérable. C'est la Cour où est le château des Roys de Navarre et des Ducs d'Albret. Il y a encore plusieurs gros lieux dont le détail seroit trop long qui paroissent tous assés considérables parce qu'étant tous habités par des négocians, ils n'ont rien négligé pour l'embellissement et la commodité de leurs maisons. »

Nous passons sur Bazas et le Bazadois, sans nous y arrêter et n'avons à y retenir que Casteljaloux, cette nécropole ² des Ducs d'Albret dont il est dit :

« Casteljaloux est dans les Landes ; il ne s'y fait d'autre commerce que celui des Landes. »

Théophile de Viau qui s'était caché à Casteljaloux, lors de son bannissement, et lui avait gardé — un de ses plus mauvais sonnets, en fait foi, — la rancune d'Ovide pour Tomes en Mésie, n'en eut pas parlé plus dédaigneusement. N'était-il donc pas du devoir de l'Intendant, s'il ne disait rien de l'histoire de Casteljaloux, de rappeler au

---

¹ Le Mémoire ne dit rien de Mézin qui cependant avoit soutenu, pendant la Fronde, la cause du Roi. Il ne rappelle même pas, ce qui est assez curieux au point de vue agricole, que c'est à l'époque du passage à Mézin des troupe royales revenant de la guerre de succession d'Espagne, que fut introduite dans le pays la culture du maïs, nommé pour cette raison *blé d'Espagne*. C'est du moins ce que dit Girault de Saint-Fargeau dans son *Dictionnaire des Communes*.

² C'est avec raison que, dans sa *Monographie de Casteljaloux*, M. Samazeuilh dit que Casteljaloux était le Saint-Denys des sires d'Albret, mais ce qu'on chercherait vainement dans son livre ou ailleurs, c'est une indication propre à faire retrouver l'emplacement de l'église des frères mineurs (*alias* Cordeliers), où les Seigneurs d'Albret se faisaient ensevelir. « Eligo sepulturam meam in ecclesiam fratrum minorum Castelgelosii. » Cette formule se lit dans tous les testaments de la famille des d'Albret conservés dans la *Collection Doat*. C'est là, sur les lieux où s'élevait cette église au xiiiᵉ siècle, qu'on retrouverait les tombeaux, sans doute inviolés, de ces guerriers négociateurs qui surent se pousser jusqu'au Trône de France, depuis le sire d'Albret qui était à la Croisade jusqu'à cet Amanieu qui, par son testament de 1262, laisse cent livres morlaas « pour être employées à marier les pauvres filles, principalement celles que j'ai *violentées* si elles sont prouvées. » Le mot en italique est substitué au mot propre qui est trop sale. La fontaine des Frères située hors des murs de Casteljaloux pourrait guider les recherches. Si, comme paraît l'indiquer le nom de la fontaine, le couvent des Frères mineurs était là, l'église n'en est pas loin.

moins ici ce qu'il a dit ailleurs de « ses fabriques de papier dont on se sert communément en Hollande pour l'imprimerie. » C'est sans doute ce même papier qu'on trouve, dans le *Manuscrit concernant la ville de Bordeaux* de Delan, inscrit au tarif des marchandises sous cette rubrique : *Papier d'Agenois aux armes d'Amsterdam.*

M. de Lamoignon passe sans autre détail à la Noblesse de la Sénéchaussée de Condom. Nous lui laissons la parole ; [1]

« M. de Montcassin porte le nom de Montlezun qui est très bon. Il y a en Guienne plusieurs familles de ce nom. M. de Bezemaux le portoit. M. de Busca et de Saint-Lo le portent,

MM. de Roquépine portent le nom de du Bouzet qui est très ancien. M. leur père a été tué dans les dernières guerres d'Italie. Il étoit colonel et Brigadier de cavalerie. MM. de Castéra sont les aînés de cette maison. MM. de Poudenas et de Marin en sont les puinés ; il y a eu dans la branche de Marin un Lieutenant Général des armées du Roy gouverneur du château Trompette de Bordeaux.

MM. de Fimarcon portent le nom de Cassagnet. Ils ont hérité par les femmes de la Maison de Fimarcon Narbonne. M. de Fimarcon est l'aîné du nom de Cassagnet. Il est Maréchal de Camp et Lieutenant Général de Roussillon. MM. de Tilladet Lieutenants Généraux en étoient les puinés. L'aîné des deux étoit Chevalier du Saint-Esprit.

MM. de Flamarens [2] portent le nom de Grossoles. Ils sont originaires de Suisse, établis en Guienne depuis plus de trois siècles avec distinction. Ils y furent amenés par un Comte d'Armagnac. Un des premiers Evêques de Condom étoit de cette maison. M. de Flamarens,

---

[1] Les noms qui vont suivre sont pour la plupart accompagnés d'explications suffisantes. Nous n'y ajouterons donc presque rien et nous nous en tiendrons, pour de plus amples renseignements, à renvoyer le lecteur à l'*Armorial général* de d'Hozier, au Dictionnaire de la Noblesse de Lachesnaye des Bois, au Père Anselme, au *Nobiliaire de Guienne et Gascogne* de MM. O'Gilvy et Bourrousse de Laffore, aux *Maisons historiques* de Gascogne, Guienne, Béarn, Languedoc et Périgord de M. Noulens, et autres ouvrages spéciaux. On remarquera toutefois que ces indications de noblesse engageant directement la responsabilité de l'Intendant dans une question des plus délicates, il a dû se montrer fort réservé et ne montrer que le dessus du panier.

[2] Voir *Notice historique sur la Maison de Grossoles de Flamarens* de M. J. Noulens. 1853. Le château de Flamarens dans le Gers appartient aujourd'hui à M. de Mazade de l'Académie française.

Capitaine d'une compagnie de Gendarmerie, est puîné de cette maison; il a un frère Colonel d'infanterie. M. leur père étoit Maître d'hôtel de feu Monsieur; ils ont un établissement considérable en Guienne.

MM. de Saintrailles portent le nom de Montesquieu [1] qui est des meilleurs de Guienne. Il y a en Guienne plusieurs terres de ce nom et plusieurs familles qui ne sont point parentes.

MM. du Fauga et de Lussan portent le nom d'Esparbez [2] ancienne noblesse. Il y a plusieurs cadets de ce nom qui a été illustré par le Maréchal d'Aubeterre dont le père étoit Gouverneur de Blaye. M. d'Aubeterre, Lieutenant Général des armées du Roy, vient de ce Maréchal qui épousa l'héritière d'Aubeterre en Angoumois.

MM. de Balarin de l'Isle et de Baraube portent les noms de Goular ou Galar [3] dont il a été parlé lorsqu'il a été fait mention de M. de Brassac.

MM de Daubèze et de Fousserie portent le nom de Gout aussi bien que plusieurs autres. Il y a eu un pape de ce nom-là qui avoit été auparavant Archevêque de Bordeaux. C'étoit Clément V.

MM. de Bezolles sont de très ancienne noblesse. La grand'mère de M. le Duc de Roquelaure [4] étoit de ce nom-là. MM. de Beaumont, Capitaine de cavalerie, et de Cauderoue [5] en sont aussi.

---

[1] Lisez Montesquiou. Voir sur cette famille qu'il ne faut confondre ni avec les Montesquiou Fezensac, ni avec les Secondat de Montesquieu, la note de M. Tamizey de Larroque, à la page 68 de la *Chronique d'Isaac de Pérès*. 1 v. in-8°. Agen, 1882.

[2] *Esparbè* — épervier. Cette famille dont il existe encore des descendants dans le pays est trop connue pour que nous ayions à insister (V. Laehesnaye des Bois, au nom d'Aubeterre).

[3] V. *Documents historiques sur la Maison de Galard*. J. Noulens. 5 vol, in-4°, Paris, 1871.

[4] Anthoine de Roquelaure, seigneur dudit lieu, baron de Biron et de Montaut. Il était Maréchal de France et, en qualité de gouverneur du Languedoc, fut un des grands capitaines convertisseurs de Louis XIV.

[5] Cauderoue, hameau sur les bords de la Gelise, voisin de Nérac. Le château de M. de Bezolles subsiste encore. V. sur Cauderoue *la Guirlande des Marguerites. Sonnets dédiés à la ville de Nérac*. 1 vol. in-8°. Nérac 1876, p. 157.

Il y a en Condomois des familles qui portent le nom de Mondenard et de Lustrac qui sont bons.

MM. de Meillan, MM. de Mons, MM du Cadreil, de Bérac, MM. de Villemor sont de très bonne noblesse.

Il y a en Condomois plusieurs autres anciennes noblesses.

MM. de Gondrin, dont M. le Duc d'Antin est le chef, sont originaires d'auprès de Condom. Le château de Gondrin n'en est qu'à trois lieues. MM. de Gondrin et de Bonas, Brigadiers de cavalerie, sont puinés de cette maison assez connue pour n'avoir rien à en apprendre. »

Dans le détail de la Noblesse du Bazadois qui vient ensuite nous relèverons seulement :

« Le Marquis de Boisse,[1] baron de Mauvezin du nom d'Escodecat qui est d'une très ancienne noblesse et nous passons à l'énumération des principales terres du Condomois :

« La terre de Fimarcon, marquisat composé de dix parroisses, qui vaut 18,000 livres de rente.

Le Comté d'Astafort, au même, qui vaut 4,000 livres.

Le Marquisat de Dunes, à M de la Chabane, qui vaut 4,000 livres de revenu.

Calonges, pareillement Marquisat, à M. de Ribérac, colonel d'infanterie, qui en vaut 12,000.

Caumont, Vicomté dont la maison de la Force a tiré son nom, vaut 18,000 livres de rente.

Laroque Maniban, Baronie, à M. de Cazaubon, vaut 1,500 livres.

Et la Baronie de Fourcès, à M. le Marquis de Bonas, vaut 5,000 l.

Toutes ces terres, quoique titrées, n'ont qu'une parroisse.

Le Baronie de Marcellus, à M. de Martin, vaut 2,000 livres.

Celle de Monpouillan, à Mme de Tombebœuf, 2,000.

---

[1] Dans l'introduction d'une brochure réimprimée par les soins de M. Tamizey de Larroque : *Récit de l'Assassinat du sieur de Boisse-Pardaillan et de la prise de Monheurt*, il est grandement question de la famille de Boisse.

Celle de Sabazan,[1] à la même, de pareil revenu, n'ont qu'une paroisse chacune.

La Baronnie de Cocumont, à M. le Président de Gasc, de deux parroisses, vaut 2,000 livres de revenu.

Loutranges et Grignols, Marquisat, à Mme d'Egmont, vaut 10,000 livres, composé de dix parroisses.

Castelnau de Mesmes, à M. de Poudenas, vaut 7,000 livres de revenu, composé de cinq parroisses. Il a titre de Baronnie.

Cazeneuve, Baronnie, à M. de Pons. Les huit parroisses qui composent cette terre raportent 13,000 livres.

Le Comté de Blaignac, à M. le Comte de Belille, de treize parroisses, et de 12,000 livres de revenu.

La Baronnie de Mauvesin, à M. Boisse, n'a qu'une parroisse et vaut 4,000 livres.

Pujols, Baronnie, à M. de Duras, n'a qu'une parroisse, vaut 4,000 l.

La Vicomté de Ransan, au même, composée de onze parroisses, qui vallent 9,000 livres de revenu.

Civrac et Rigaud, Comté, à M. de Civrac, est composé de dix parroisses, qui vallent 10,000 livres.

La Baronnie de Pomiers, à Mme de Petitpuis, de deux parroisses, 4,000 livres.

Et le Vicomté de Foncaude,[2] à M. de Mazance, de 2,000 livres de revenu, qui est composé de deux parroisses.

Les autres terres ne sont pas assez considérables pour mériter d'être raportées et le détail en seroit trop long. »

Nous terminerone ce chapitre par ce paragraphe que nous avons réservé sur le duché d'Albret.

« Quoique le Duché d'Albret s'étende en différentes élections, cependant comme Nérac est le principal lieu du ce Duché et que c'est là où est la principale maison, j'ay cru que c'étoit ici l'endroit le plus convenable pour en faire mention. Ce Duché dont il a déjà été

---

[1] Pour Samazan.

[2] Foncaude de *foun* ou *houn caudo*, fontaine chaude.

parlé est une des terres les plus étendues du Royaume. Il ne raporte
pas 30,000 livres de rente à M. de Bouillon parce qu'il est fort mal
administré. Il vaudroit plus du double s'il étoit entre les mains de
gens qui seussent le faire valoir. »

Il en était ainsi de toutes les terres qui s'immobilisaient dans une
seule main. 30,000 livres de revenu pour un territoire qui avait 48
lieues de longueur et 36 de largeur, qui alloit de la Dordogne à l'A-
dour et de la Baïse à la mer, qui comptait 46 juridictions. 222 paroisses et jouissait de droits féodaux de toute espèce : Cens, rentes, dimes
péage, hallage, pêche, mayade, boucherie, four banal, etc., etc. — A
la Révolution, quand on mit les biens du duc de Bouillon sous sé-
questre, les revenus furent évalués à 50,000 livres. A combien s'élè-
vent-ils, aujourd'hui que cette immense propriété a été morcelée ? Ce
seroit incalculable.

2me PARTIE.

*Chapitres 5, 6, 7, 8 et 9 (Election des Lannes. — Pays de Labourt.
— Pays de Soule. — Pays de Marsan. — Pays de Bigorre.*

Nous n'avons rien à revendiquer, au point de vue de notre département, dans ces cinq chapitres qui complètent par le *détails des
pays d'abonnement et d'Etat,* le Mémoire de la Généralité de Bordeaux
en 1715.

Dans le chapitre consacré à l'Election des Lannes, Dax, Aire,
Bayonne, Saint-Jean de Luz, la Chalosse, les grandes et les petites
Landes, Bidache et sa souveraineté, etc., etc sont étudiés aux divers
points de vue de l'histoire, des coutumes, des mœurs, de l'agricul-
ture, du commerce et surtout de la levée de l'impôt. Avec cette
ignorance des hommes et des choses dont il nous a déjà donné tant
de preuves, avec cette même insouciance de tout ce qui ne contri-
bue pas à grossir le trésor, et toujours animé d'une égale malveillance à l'endroit des populations, M. l'Intendant continue à juger du
haut de sa grandeur. Ecoutez-le :

« Dax sur l'Adour est la ville la plus considérable de l'Election ;
elle est assez bien bâtie... C'est par là que passent toutes les denrées
nécessaires à Bayonne. On les débarque sur une place au bout du
pont appelée le Sablat qui en est presque toujours remplie.

Si les habitans de Bayonne ne venoient pas eux mêmes pour faire
charger toutes les marchandises, elles y demeureroient toujours,
tant la paresse est naturelle aux habitans de Dax. Cependant, ils ont
tous naturellement de l'esprit, soit pour les sciences, soit pour le
barreau et il n'y a guère de villes où il y ait de meilleurs
avocats.

» Aire ne devroit être regardé que comme un très petit village et des moins considérables, quoique ce soit un Evêché. »

Bayonne que M. de Lamoignon a déjà tant exalté au détriment de Bordeaux est la seule ville qui trouve grâce à ses yeux. Il la trouve agréable au possible et ses négocians ont toutes les qualités. Ils sont *intelligens, polis, de bonne société, entreprenans, sûrs dans leur commerce, riches, magnifiques* et ont grand soin de l'éducation de leurs enfants « qu'ilsfont élever à Paris et voyager à l'étranger pour se former le goût et augmenter leurs connaissances avant de les rappeler chez eux. » Il n'est question là que des seuls négocians, car pour le peuple, « il ne songe qu'à manger, et à boire » ajoute-t-il avec sa désinvolture de grand Seigneur.[1]

Les Pays de Labour et les Basques ont aussi eu le don d'intéresser l'intendant de Bordeaux. Il a été séduit, on le sent, et nous l'avons déjà vu, par la singularité des mœurs de ce peuple qui sait allier à son esprit d'indépendance un profond respect de l'autorité royale. Il est ignorant, superstitieux à l'excès, qu'importe, il est docile et paie bien ses impositions pour peu qu'on y mette des formes. Il n'en faut pas davantage pour toucher le cœur de M. de Lamoignon, aussi se complait-il à nous décrire par le menu ce pays de Labour qu'il a parcouru et que, par exception, il va, cette fois, nous dépeindre *de visu*.

Par égard pour nos origines gasconnes qui se confondent peut-êt e, — on l'a soutenu, non sans bonnes raisons, — avec celles des *Vascons* ou *Basques*, et aussi surtout parce que la nature de ces renseignements nous a paru très piquante, nous allons les reproduire intégralement; ce sera d'ailleurs notre dernier emprunt au manuscrit de M. de Lamoignon :

« Les habitans du pays de Labour qu'on appelle communément basques sont tous fort agiles et fort dispos ; les hommes et les femmes sont bien faits, ils aiment la danse avec passion et dansent avec beaucoup de légèreté. Dans quelque temps que ce puisse être, lorsqu'ils entendent un tambourin qui est l'instrument le plus usité dans ce pays là, ils quittent tout pour danser et abandonnent les affaires

---

[1] Il était de Bayonne, ce flibustier qui devint Chef d'Escadre et qui avait nom Ducassse dont parle Saint-Simon : « Il étoit fils d'un vendeur de jambons de Bayonne et se fit flibustier, » ce qui ne l'empêcha pas d'entrer dans la marine du Roy et d'y devenir capitaine de vaisseau, Chef d'Escadre et puis Lieutenant Général. Il eut même la toison d'or, « qui n'étoit pas accoutumée à tomber sur de pareilles épaules. » Cet avancement d'un roturier, en ce temps-là, est tellement exceptionnel qu'il m'a paru bon de le signaler.

les plus sérieuses et les plus de conséquence.[1] Cette manie n'est pas seulement parmi le peuple mais parmi tout ce qu'il y a de plus considérable. Ils sont fort polis et fort charitables. Lorsque l'on a besoin d'eux, on les trouve et ils donnent volontiers leur secours quand l'occasion s'en présente sans espérance de profit. Ils se piquent d'un grand zèle et d'une grande fidélité pour le service du Roy, mais il faut qu'on les prenne suivant leurs manières et leurs anciens usages. Ils ne veulent jamais souffrir ni ordonnances ni publication ni rien où il paroisse quelqu'autorité. On n'a jamais pu leur faire entendre raison sur cela et la moindre chose les épouvante et leur fait prendre des partis fort violents. Ils s'imaginent toujours qu'on veut établir *la Grabelle* qui est la chose qui les touche le plus sensiblement. Ils ne scavent pourtant ni ce que c'est, ni ce qu'ils craignent, car cette *Grabelle* n'a nul raport avec la Gabelle. Leur vivacité est si grande sur cela qu'il sufit qu'on dise qu'une personne qui passe porte *la Grabelle* pour que dabord tout le monde se soulève contre lui et le mette en pièces, s'il peut. Il y a quelque temps qu'il passa de ces marchands qui portent leur boutique sur leur dos; ils s'imaginèrent à Saint-Jean de Luz, qui est pourtant un des principaux lieux du pays de Labour, que ces malheureux portoient avec eux *la Grabelle*. Il n'en fallut pas davantage pour que la population se jetât sur eux. Le curé les sauva avec peine par l'Eglise. Ils s'imaginèrent que *la Grabelle* pouvoit être cachée dans le tabernacle; ils l'enfoncèrent, prirent le Saint Ciboire et tout ce qu'ils purent trouver des ornements de l'Eglise. Il leur vint dans l'esprit qu'on pourroit bien l'avoir mise au haut du clocher, dans le coq, ils allèrent l'arracher et jettèrent le tout à dix ou douze lieues dans la mer.

« Ils s'imaginent sussi que *la Grabelle* peut s'atacher contre les murs. L'Evêque de Bayonne ayant fait publier une ordonnance pour

---

[1] M. de Lamoignon en sait quelque chose. Lors de l'imposition du dixième, les Basques refusèrent de payer cette taxe. Que fait alors l'Intendant ? Ecoutez-le lui-même : « Je m'avisay d'aller dans les principaux lieux du pays de Labourt; je fis rassembler tous les tambourins et, sans leur parler de rien, je les fis danser trois ou quatre jours de suite jour et nuit. Cela les gagna et ils firent tout ce que je voulus. » C'est le pendant de l'assaut conduit au son des violons. On comprend maintenant le faible de l'Intendant de Bordeaux pour le pays de Labourt. « Les Basques dansent, ils paieront. »

faire des prières publiques, on la fit afficher. Il n'en falut pas plus pour qu'on crût dans le pays que c'étoit *la Grabelle* et dans le moment tout fut en émeute. Les femmes se jettèrent sur deux curés qui l'avoient faite publier et leur arrachèrent ce que la pudeur empêche de nommer. Cette folie fournit encore tous les jours quelque histoire nouvelle ; c'est pour cela qu'on évite avec grande attention de faire publier aucun ordonnance ni aucun mandement dans le pays de Labourt. . . . .

. . . .

Tous les Basques sont naturellement fort glorieux et se prétendent tous nobles ; [1] ils mettent leur gloire jusques dans les plus petites bagatelles ; il y a toujours des querelles pour leurs danses à scavoir qui mènera le premier. C'est une affaire capitale parmi eux.

La préséance d'une communauté sur l'autre est encore une chose sur laquelle ils n'entendent pas raison et tous les jours ils prennent les armes pour cela. [2] La manière dont ils se rassemblent pour ces sortes de choses est de passer sous un bâton en criant : *Hara.* Quand une fois ils sont venus jusques la, il est très difficile de les arrêter. Ces querelles avoient autrefois de facheuses suites, mais depuis qu'il y a des troupes à Bayonne, on a soin d'en envoyer dans les paroisses où elles contiennent les mouvements.

Les Basques ne connoissent aucun péril et pour la moindre chose ou pour faire plaisir à un étranger, ils s'exposent à toutes sortes de dangers et font des choses aux quelles tout autre qu'eux ne pourroient pas seulement penser.

Il y a le long de la côte, des familles qui se sont adonnées volontairement à secourir les batimens qui se trouvent en danger par le

---

[1] Cette prétention est fondée sur un article de leur coutume qui ordonne que tous les Basques condamnés à mort seront décapités. Or, les roturiers et manants étaient pendus et les nobles avaient la tête tranchée.

[2] Un singulier exemple qui en est donné est celui des villes de Saint-Jean de Luz et de Ciboure qui ne sont séparées que par un pont sur la Nivelle. La jalousie entre ces voisins est telle que pour le moindre prétexte, ils en viennent aux mains, et que lorsqu'il leur faut forcément se réunir pour affaires communes, ils s'assemblent dans un couvent de Récolets bâti sur une île, au milieu de la rivière, *pour qu'aucune des parties ne puisse se flatter d'avoir l'avantage que l'autre l'ait été chercher.*

mauvais temps ; on les apelle *Achotars*. Dès qu'ils voyent un batiment en mer, quelque temps qu'il fasse, ils se jettent tous dans des
chaloupes et vont à leur secours. La plupart de ces chaloupes péris-
sent avec ceux qui les conduisent, cela n'empêche pas les autres de
se jetter dans d'autres barques et de courir le même risque. Ils se
croiroient déshonorés s'ils y manquoient.

Quoiqu'ils soyent fort voisins de l'Espagne, ils ont beaucoup
d'aversion pour les Espagnols et ne peuvent jamais leur rien
passer.

Les Basques n'ont nul gout pour les sciences ni pour les arts ; ils
travaillent fort peu. On en voit même fort peu s'adonner au service, mais ils sont excelens matelots et vont volontiers sur mer. Il
a déjà été dit qu'on n'avoit jamais pu y établir des classes comme
dans tout le reste du Royaume. On voulut les y forcer, mais inutilement, toujours dans l'idée que le rolle des classes pourroit être *la
Grabelle*. On fût obligé de céder et lorsqu'on veut des matelots de ce
pays là, on s'adresse au sindic qui en commande la quantité qu'on a
demandé.

Ils sont tous fort superstitieux, les Eglises sont fort propres, les
femmes y sont toujours en bas et les hommes dans les tribunes qui
sont autour des Eglises ; il y en a fort peu qui n'ait quelque dévotion
extraordinaire. Cependant ils sont assez débauchés, surtout pour les
femmes.

Il y a parmi eux un usage dont les Evêques n'ont jamais pu venir
à bout de les défaire entièrement quoi qu'à présent ce ne soit guère
que parmi le peuple. Quand ils veulent se marier et qu'ils se sont
fiancés, ils vivent comme mari et femme pendant cinq ou six mois
avec les personnes qu'ils doivent épouser. Cela s'apelle parmi eux
afaidatou. S'ils croyent, après cette épreuve, pouvoir vivre ensemble,
ils se marient. Si leur humeur ne se convient pas, ils se séparent et
cela ne fait aucun tort à la fille. Mais si la fille devient grosse pendant ce temps là, ils n'ont jamais manqué de l'épouser.[1] . . .

. . . .

---

[1] Cet usage, moins peut être la cohabitation avec toutes ses conséquences,
ressemble à la *flirtation* anglaise ou américaine. Une coutume plus singu-
lière dont il n'est pas parlé dans le Mémoire voulait que lorsqu'une femme
avait accouché, ce fut le mari qui gardât le lit et reçût les visites.

7

Le pays de Labour comprend dans son étendue qui est très petite 30 villages et 5 hameaux, tous fort peuplés. Tous les ans, la veille de la fête du patron, les Basques ont soin de faire blanchir leur maison en dedans et en dehors de sorte qu'elles sont toutes fort propres et cette propreté s'étend aux meubles et surtout au linge.

Le pays est fort inculte et plein de bruière. On prétend qu'il y avoit jadis de grandes forêts qu'on dit avoir été détruites par la quantité de vaisseaux qui ont été construits.... On y recueille du cidre et on croit que ce sont les Basques qui ont porté en Normandie la manière de le faire.

.   .   .   .

Il y a une coutume du pays de Labourt qui donne tous les biens aux aînés. Dans les maisons nobles ce sont les males qui excluent les femelles. Parmi les roturiers ce sont les aînés, soit male ou femelle, qui jouissent du droit d'ainesse.[1]

Le nombre des maisons nobles est réglé par la coutume et il n'y en a que 28. Outre ces maisons nobles, il y en a 32 qu'on appelle *Infancones*. Cet *Infanconage* est une espèce de nobilité qui leur donne la faculté de partager les biens comme les véritables nobles.

On prétend que la langue basque dont on se sert dans le pays de Labourt est une langue mère. Ce qu'il y a de certain c'est qu'elle n'a aucun rapport avec aucune. C'est la même qu'on parle dans la Basse-Navarre, dans le pays de Soule, dans la Navarre Espagnole et dans le Guipuscoa. »

Quand il en a fini avec le Pays de Labour, le Mémoire entreprend le Pays de Soule[2] qui, à vrai dire, se confond avec le pays basque et n'est pas plus riche. Puis vient le Pays de Marsan, avec Mont-de-Marsan et Roquefort pour villes principales, qui est encore moins fortuné.[3] Partout la misère, la désolation, la famine, les maladies

---

[1] Cette coutume se retrouve encore chez nos paysans. Serait-ce une preuve en faveur de la communauté d'origine ?

[2] Sola Regio fidelis.

[3] La ville du Mont-de-Marsan est la seule ville commerçante du pays. Dans la Chalosse, « on élève beaucoup d'oyes avec lesquelles on fait des barriques de caisses d'oye que l'on envoye par tout le Royaume. »

malheureusement héréditaires dont souffrent encore les générations actuelles. « Comme le pays est fort aride, on n'y recueille pas à beaucoup près ce qu'il faut pour la subsistance des habitans. » .... « C'est un pays de landes incultes qui ne produit rien de ce qui est nécessaire à la vie, etc.,etc. » N'est-ce pas navrant ? [1]

Dans le pays de Bigorre qui fait l'objet du neuvième et dernier Chapitre, le niveau se relève très sensiblement et nous aimerions à nous arrêter à Tarbes, à Bagnères, à Lourdes, à nous reposer dans l'oasis de la plaine de Tarbes [2] ou au fond de la vallée pyrénéenne enrichies par leurs paturages , si ces sujets entraient dans un cadre que nous n'avons déjà que trop élargi.

C'est pourquoi, sans nous attarder non plus aux différentes stations thermales de la Bigorre qui mériteraient autre chose qu'une mention, [3] nous clôturons ici notre résumé du Mémoire de M. de Lamoignon , avec le regret de ne l'avoir pas fait plus complet et l'espérance que , tel qu'il est , il suffira à donner l'idée de hâter sa publication.

Ma tâche est achevée et maintenant faut-il conclure ?

J'ai appelé l'Intendant de Bordeaux à témoigner contre sa propre administration et tout au plus, par un commentaire explicatif. ai-je plaqué sur sa prose aussi lourde qu'incorrecte, quelques accords discrets comme un accompagnement de flûte. Or, je me serais bien trompé si de ce texte ne résultait pas la justification — *quod erat demonstrandum* — des doléances des Députés de l'Agenois, réclamant à hauts cris la suppression des Généralités.

---

[1] Au détail de la noblesse du Pays de Marsan, je relève les noms de Pic de La Mirandole, Lahontan et de Ravignan.

[2] « Cette plaine est très fertile et remplie de gros bourgs fort peuplés. Il y croît beaucoup de blé, maïs, de fruits et de vin en quantité. Les vignes sont plantées sur des *hautains* qui sont des petits arbres de six pieds de haut. On attache ces vignes à ces arbres et les vignes entr'elles, de sorte que cette plaine paroit être comme un berceau. Les hautains sont assez éloignés les uns des autres. Ainsi la terre produit deux récoltes et souvent trois. En haut, le vin; en bas, le froment et quand, au lieu du blé c'est du seigle, quand on l'a coupé, on resème du millet. »

[3] Elles sont ainsi classées par rang d'importance : Bagnères, Barèges, Cauterets.

Mais si ce but est atteint déjà, il me paraît qu'un autre enseignement de plus haute portée se dégage encore de cette lecture, et cet enseignement n'est rien moins que la condamnation d'un régime politique, social, judiciaire, administratif, dans l'intimité duquel le Mémoire nous a fait pénétrer.

Il est des gens, fort honorables d'ailleurs, qui, en étudiant le passé, s'éprennent pour lui d'une belle passion, l'aiment jusque dans ses verrues et sont toujours prêts à lui sacrifier le temps où ils vivent. Je ne suis pas de ceux là, je le dis bien haut, en ne prétendant par exemple exprimer ici qu'une opinion toute personnelle. Si j'ai la curiosité du passé, je suis loin, bien loin d'en avoir le culte, et mon respect relatif des ancêtres ne m'empêchera jamais de trouver détestables les institutions sous lesquelles nos pères courbaient la tête avec une résignation par trop bestiale. Aujourd'hui vaut mieux qu'hier et demain vaudra mieux qu'aujourd'hui par l'excellente raison qu'en succédant à hier et aujourd'hui, demain aura hérité d'eux.

De même, qu'un fleuve, obscur à sa source, obéit à sa pente et va toujours en s'élargissant aux dépens de ses rives, l'humanité poursuit sa marche progressive à travers les âges qu'elle dépouille, en développant ses facultés au gré de ses besoins ou de ses aspirations, et ce n'est certes pas sans en être humilié qu'on remonte à son point de départ. Quelle distance parcourue ! quelle différence ! et cependant que de temps perdu ! A coté de certains coups d'aile, combien de longs piétinements dans la boue ! C'est que, là aussi, malgré le courant irrésistible, il y a des remous où le flot hésite, tourbillonne, semble même reculer. Aveugle qui se prend à ces arrêts trompeurs ! Ce sont, en politique, des époques de stagnation semblables à celle que l'Intendant du Guienne vient de nous décrire avec une complaisance peu suspecte. En 1715 et pendant presque tout le xviiie siècle, la France épuisée par les guerres, les taxes, la famine paraît assoupie, désarmée, et c'est dans ce sommeil où les forces s'accumulent que s'élabore la Révolution de 89.

C'est qu'en effet, rien ne saurait arrêter l'évolution humaine. Quelle procède par bonds ou tourne sur place avant de reprendre son élan, elle n'en aboutit pas moins fatalement au Progrès, cette échelle mystérieuse dont chaque génération, qu'elle le veuille ou non, franchit un degré.

On dit bien qu'aujourd'hui nous allons trop vite et doublons l'étape. C'est possible — il faut rattraper le temps perdu, — mais c'est précisément pour établir par des preuves incontestables cette marche en avant et mesurer l'immense chemin parcouru en moins de deux siècles, que cette exhumation du passé, si triste qu'elle soit, m'a paru bonne et instructive.

Puisse-t-elle aussi servir, en ce qui touche à notre région, à cette *Histoire des Intendants de la Guyenne* qui est encore à faire, dit avec raison l'Archiviste du Département de Lot-et-Garonne, mais qui, — il le reconnaît lui-même, — offrira si peu d'intérêt, « cette administration uniforme ayant fait disparaître toute autonomie et réduit les histoires locales à des incidents. »

Dans son *Traité en forme d'Abrégé de l'Histoire d'Aquitaine, Guyenne et Gascogne* [1] Pierre Louvet de Beauvais, conclut ainsi :

« Ceux qui liront cette Histoire pourront juger de la grandeur de cette province par celle des personnes signalées qui l'ont régie, et confesseront que le Guyenne a existé dans une merveilleuse estime auprès de nos Roys puisque leur choix luy a toujours donné les plus considérables ornemens de la Cour. »

C'est ainsi que les Intendants entendaient l'histoire, mais elle est écrite, celle là, nous la connaissons, et c'est une autre qu'il importe aujourd'hui de faire revivre à l'exemple de Guizot, d'Augustin Thierry, de Michelet, d'Alexis Monteil, d'Henri Martin, de Louis Blanc et de tant d'autres rénovateurs.

Il ne s'agit plus aujourd'hui de *personnes signalées, d'ornements considérables de la Cour.* Les Aristocraties, qui ont eu leur temps et aussi leur raison d'être, sont mortes aujourd'hui et n'offrent plus qu'un intérêt archéologique. S'il veut être original et intéresser, l'auteur du livre rêvé par M. Tholin devra retrouver les autonomies disparues, nous montrer sous leur vrai jour les bourgeois, les ouvriers, les paysans, tous ces travailleurs admirables dont le sang rouge et généreux a heureusement remplacé, dans les veines de la Mère Patrie, le sang bleu appauvri par tant d'excès, rappeler les revendications imprescriptibles du droit contre la force, reconstituer enfin, à côté de l'Histoire des Intendants de Bordeaux, les faits et gestes du Peuple de Guienne, une fraction de ce grand Peuple de France à qui désormais appartient l'avenir.

---

[1] 1 vol. in-4°. Bordeaux, 1659.

TABLE DES MATIÈRES.

PREMIÈRE PARTIE.

DEUXIÈME PARTIE.

Agen, Impr. Vᵉ Lamy.

www.ingramcontent.com/pod-product-compliance
Lightning Source LLC
Chambersburg PA
CBHW052124090426
42741CB00009B/1948